Alexandre Lebreton

FREEMASONRÍA Y ESQUIZOFRENIA

Comprender los misterios del poder

ℴMNIA VERITAS.

Alexandre Lebreton

Alexandre Lebreton es un activista francés en el ámbito de la "anticriminalidad pedófila", es decir, la lucha contra la pedofilia en Internet. Lebreton es un autodidacta que trabaja más específicamente en el "pedosatanismo", grupos sectarios que practican abusos rituales traumáticos y control mental basado en el trauma.

MASONERÍA Y ESQUIZOFRENIA
Comprender los misterios del poder

FRANC-MAÇONNERIE & SCHIZOPHRÉNIE
Comprendre les arcanes du pouvoir

Traducido y publicado por
Omnia Veritas Limited

OMNIA VERITAS®
www.omnia-veritas.com

© Omnia Veritas Ltd - Alexandre Lebreton - 2025

"El siglo XVIII no sólo fue el siglo de la Ilustración, también fue el siglo de las sociedades secretas, y la mayoría de las contribuciones a la investigación de los Misterios procedieron de los francmasones. Vieron en los Misterios egipcios un modelo de cómo una élite ilustrada, protegida por el secreto, podía servir y transmitir una verdad inconcebible o peligrosa para el pueblo llano."

Jan Assmann - Auditorio del Louvre (07/05/2009)

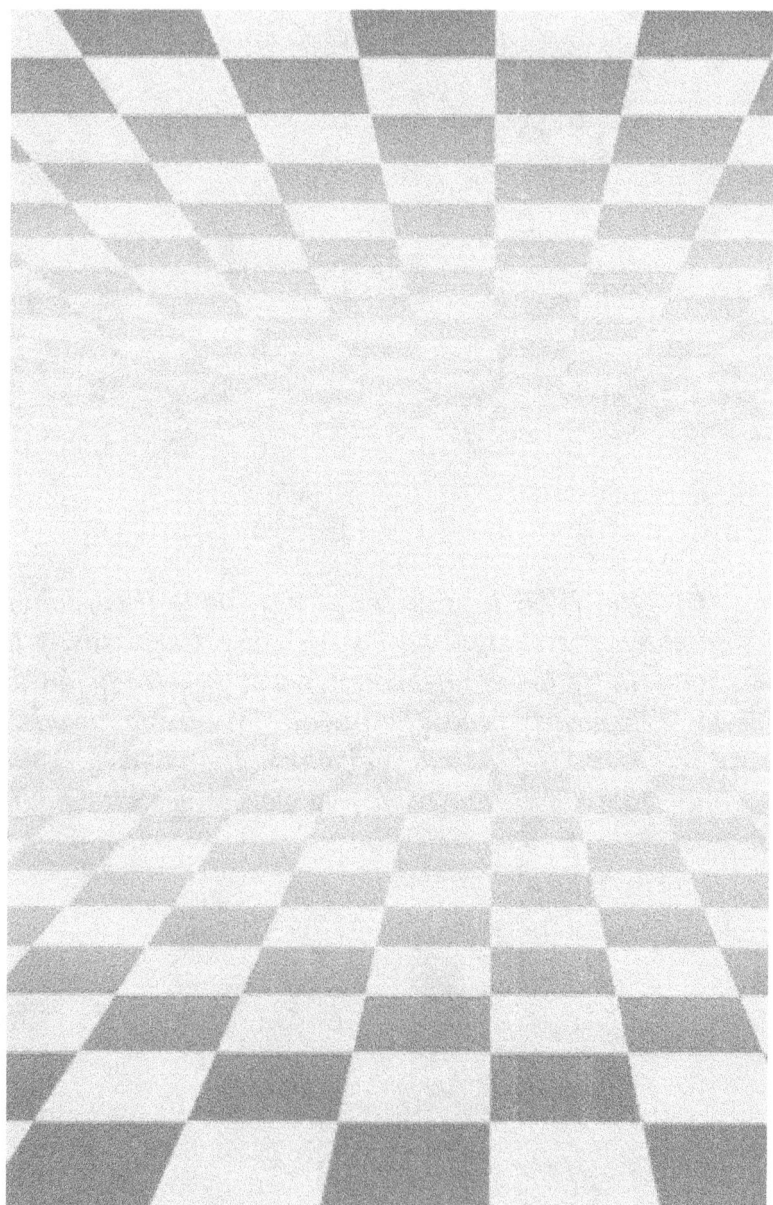

Introducción y descargo de responsabilidad

Este documento contiene graves acusaciones relativas a los masones, que no dejan de ser presunciones basadas en testimonios que no han sido objeto de investigaciones judiciales. No se trata aquí de acusar a la masonería en su conjunto de perpetrar rituales sádicos y violentos. Es probable que algunos masones actúen sin el consentimiento de la mayoría de los miembros de la logia. **El culto al secreto en el que se basa la masonería plantea un problema, incluso un peligro para sí misma, ya que le resulta imposible certificar que este tipo de prácticas rituales "pedosatánicas" no existan en algunas logias traseras.** La compartimentación estricta de esta jerarquía piramidal hace que los iniciados progresen "a ciegas" en esta vasta secta y sus distintas ramificaciones. Algunos de los testimonios contenidos en este documento son particularmente difíciles y pueden ofender a los más sensibles. No se trata aquí de voyeurismo malsano, sino de sacar a la luz actos criminales que, por no haber salido a la luz de la Justicia, se perpetúan una y otra vez en la sombra.

Se aconseja a los lectores que hagan caso omiso de las ideas preconcebidas sobre las críticas negativas a la Masonería. En efecto, la desaprobación de la masonería se considera generalmente como *antimasonería*, afín a *la extrema derecha*, o incluso al nazismo... Sin embargo, cualquier persona de buena fe, no afiliada a logias (politizada o totalmente apolítica) que estudie seriamente la cuestión masónica, más allá de los asépticos archivos de castañas de la prensa dominante, llega inevitablemente a cuestionar la legitimidad de estos grupos ocultos. En particular, su fuerte presencia en el seno de instituciones públicas como la magistratura y las fuerzas del orden puede crear una forma de *conflicto de intereses* cuando un juez o un policía que ha prestado el juramento masónico lo antepone al juramento digno y leal de su profesión... En beneficio de sus *hermanos de* logia y en detrimento del profano.

Aquí nos ocuparemos del aspecto "dual" de la masonería, una fraternidad invisible entrelazada con la logia *humanista* visible que le sirve de escaparate: ambas son interdependientes. Pero también a los orígenes lejanos de esta sociedad secreta, que se remontan a las religiones mistéricas y a las prácticas paganas. El estudio de sus raíces en el paganismo antiguo nos conducirá por la vía de lo que se conoce como "pedo-satanismo", que parece ser considerado por ciertos grupos ocultistas como una forma de iniciación para los más jóvenes. A continuación, repasaremos una serie de testimonios relativos a lo que puede asimilarse a un *abuso ritual masónico* que conduce a estados disociativos o *personalidades duales*: la clave del control mental basado en el trauma. Por último, veremos cómo la propia masonería está muy interesada en la "esquizofrenia"...

Para un estudio y comprensión más profundos de estos oscuros misterios, consulte el libro de 700 páginas *MK Ultra – Abuso ritual y control mental - Herramientas de dominación de la religión sin nombre*

La dualidad en la masonería

La palabra esquizofrenia procede del griego *schizein* (escindir) y *phrên* (mente), y se traduce literalmente como "*mente escindida*", la fragmentación de la mente, la dualidad. Varias cosas vinculan a la masonería con la esquizofrenia y la noción de dualidad, empezando por el símbolo fuerte de las logias: el pavimento de mosaico de baldosas blancas y negras, sobre el que los iniciados prestan juramento: el choque de contrarios, lo múltiple y lo Uno, el bien y el mal interpenetrados e inseparables...

La masonería es doble, tiene dos naturalezas en una. Los propios francmasones dicen que todo lo que hacen en la logia tiene un doble sentido. Los rituales tienen un significado distinto del que tendrían en el mundo profano (el mundo de los no iniciados). El "Venerable Maestro" golpea un mazo al comienzo de un conjunto de la logia y declara: *"Ya no estamos en el mundo profano"*, dando a entender que ahora estamos en un mundo sagrado. De este modo, el "Venerable Maestro" cree estar santificando el espacio y el tiempo. En la logia, el significado profundo de las acciones y las palabras está oculto, todo es diferente, todo está desdoblado y las palabras ya no tienen el mismo significado, incluso las edades, los tiempos y las fechas son diferentes. Los recién iniciados son incapaces de percibir y comprender la naturaleza profunda del culto al que ya han prestado juramento y lealtad...

A propósito de este secreto masónico (un verdadero milhojas) contenido en un doble lenguaje simbólico que el joven "hermano" iniciado no puede comprender, el célebre masón Albert Pike escribe en "Moral y Dogma":

"Como todas las religiones, todos los misterios, el hermetismo y la alquimia, la Masonería no revela sus secretos más que a los Adeptos, a los Sabios y a los Elegidos. **Utiliza falsas explicaciones para interpretar sus símbolos, para engañar a los que merecen ser engañados, para ocultarles la Verdad, a la que llama la Luz, y alejarlos así de ella. La Masonería oculta celosamente sus secretos, y engaña intencionadamente a sus pretenciosos intérpretes".**
(*"Moral y Dogmas", Volumen 1, Albert Pike, p.104)*

Veamos el aspecto dual de la secta masónica y, como veremos más adelante, un aspecto esquizofrénico a lo ***Dr. Jekyll y Mr. Hyde...***

El célebre francmasón Albert Mackey ha afirmado que la masonería moderna es el resultado de la fusión entre una forma *"corrupta y negra"* de masonería que practicaba **los traumáticos rituales de iniciación de las antiguas prácticas paganas**; y una forma *"pura"* que implicaba la creencia en un Dios único y en la inmortalidad del alma. **Sostiene que esto confiere a esta institución secreta un lado luminoso y otro oscuro. Define este lado oscuro, esta forma *"parasitaria"* de la masonería, como una especie de masonería negra con prácticas de iniciación terroríficas y traumáticas, que utiliza la representación simbólica del descenso mítico al Hades, la tumba o el infierno, sólo para volver a la luz del día: el renacimiento iniciático - la experiencia cercana a la muerte con una salida astral que es el último ritual de iniciación: la resurrección.** (*"The Symbolism of Freemasonry: Illustrating and Explaining its Science and Philosophy, its Legends, Myths and Symbols"* - Mackey, Albert G, 1955)

En la masonería, hay dos bandos, uno de los cuales desconoce la existencia del otro, lo que puede traducirse como que *los buenos no conocen a los malos, pero los malos conocen a los buenos.* Este patrón puede encontrarse en un sistema interno de trastorno de identidad disociativo[1] en el que la alter personalidad "mala" (Mr. Hyde) es perfectamente consciente de la existencia de la alter personalidad "buena" (Dr. Jekyll) mientras que esta última desconoce la existencia de la alter personalidad "buena" (Mr. Hyde). La alter personalidad "buena" es la fachada pública, visible y benévola, la punta iluminada de un iceberg que contiene todo un mundo interior oculto e invisible... Este esquema puede trasladarse a la masonería y a su muy particular organización jerárquica y selectiva, donde paradójicamente, la cúspide *iluminada* o *esclarecida* de la pirámide es el aspecto más oculto e invisible, al que sólo tiene acceso una minoría (masonería *Illuminati*).

---

[1] http://mk-polis2.eklablog.com/le-trouble-dissociatif-de-l-identite-tdi-trouble-de-la-personnalite-mu-p634661

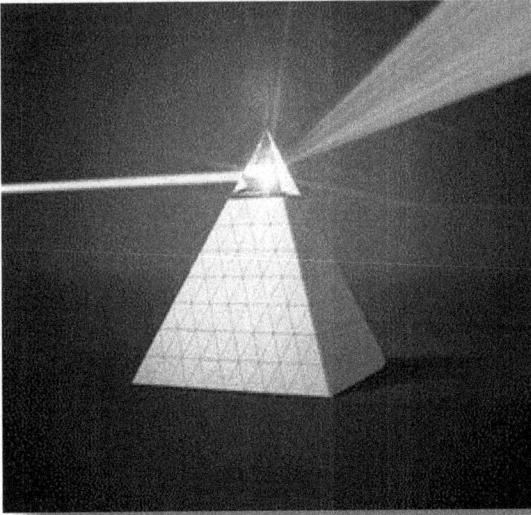

El francmasón Manly P. Hall describió claramente estos dos aspectos tan distintos de la organización masónica: *"La francmasonería es una fraternidad oculta dentro de otra fraternidad: una organización visible que oculta una fraternidad invisible de elegidos...". Es necesario establecer la existencia de estas dos órdenes separadas pero interdependientes, una visible, la otra invisible. La organización visible es una espléndida camaradería formada por "hombres libres e iguales" que se dedican a proyectos éticos, educativos, fraternales, patrióticos y humanitarios. La organización invisible es una fraternidad secreta, augustísima, majestuosa en dignidad y grandeza, cuyos miembros están consagrados al servicio de un misterioso "Arcanum arcandrum", es decir, un misterio oculto".* ("Lectures on Ancient Philosophy", Manly P. Hall, p.433)

La masonería no es una sociedad secreta "monobloque", sino una superposición de sociedades secretas entrelazadas entre sí. Es una especie de *muñeca rusa de* iniciación en forma de pirámide, donde se superponen varias escuelas de misterios, unas abriendo las puertas a otras en un proceso de iniciación muy selectivo... El antiguo francmasón Olivier Roney, autor del libro *"Gustave*

Flaubert et le Grand-Orient de France", cita, por ejemplo, la iglesia gnóstica en el seno del Gran Oriente de Francia, los movimientos martinistas y las escuelas alquímicas, etc., todos los cuales forman parte del Gran Oriente de Francia. Es bien sabido que estos grupos masónicos practican activamente el ocultismo más avanzado, mientras que las logias de los primeros grados desconocen totalmente la existencia de estas escuelas esotéricas: todo está ultrapartimentado y es ultraselectivo.

La masonería no cesa de proclamar públicamente que no es secreta, sino *"discreta"*, mediante incesantes campañas de comunicación dirigidas a los profanos. El objetivo es ablandar a la opinión pública para disipar la idea de que el secreto es sinónimo de oscuridad y podría dañar la imagen de las logias... y sin embargo... En efecto, el **secreto** está en el corazón del sistema masónico: prueba de ello es el hecho de que el iniciado de los primeros grados no tiene la menor idea de lo que le reservan los grados superiores en términos de rituales de iniciación; avanza a ciegas en su ascensión masónica hacia *la iluminación*, ya que está estrictamente prohibido a los masones revelar nada sobre los grados superiores a un iniciado de los grados inferiores. El simple hecho de que existan *"Pequeños Misterios"* accesibles a los tres primeros grados (logias azules) y *"Grandes Misterios"* reservados a los grados superiores, según el egiptólogo FM Johann Christoph Assmann, prueba que esta secta iniciática es claramente una sociedad *SECRETA* y no la *DISCRETA* que nos quieren hacer creer... aunque multipliquen las "jornadas de puertas abiertas" para los profanos **a los que se muestra entonces la decoración material del templo... La otra cara del decorado espiritual permanecerá siempre estrictamente SECRETA.**

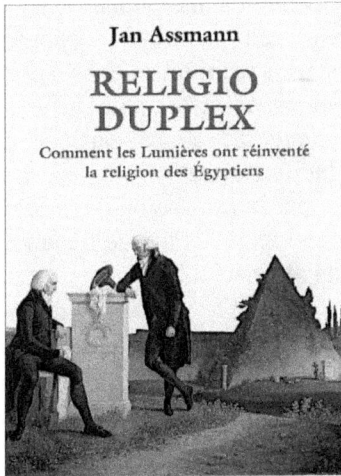

Jan Assmann

RELIGIO DUPLEX

Comment les Lumières ont réinventé
la religion des Égyptiens

Assmann, que estudió los antiguos cultos conocidos como Cultos *Misteriosos*, en particular los egipcios, habla de una *Religio Duplex* (religión doble). **Confirma esta noción de dualidad y de secreto describiendo una religión con dos caras: la exotérica destinada a la masa no iniciada (el escaparate) y la esotérica (los Misterios) destinada a la élite, es decir, una espiritualidad oculta que debe practicarse y transmitirse en secreto.** Esta forma de "religión dual" aplica las nociones de doble lenguaje o doble sentido a los signos y símbolos, engañando al profano que no es capaz de acceder a los Grandes Misterios. A esto se refiere Albert Pike cuando escribe: *"Utiliza falsas explicaciones para interpretar sus símbolos, para engañar a quienes merecen ser engañados, para ocultarles la Verdad".* Estos cultos de "doble fondo" conservan una Gnosis que sólo es accesible a los *Elegidos*... Se trata de la fraternidad oculta descrita anteriormente por Manly P. Hall y su *"Arcanum arcandrum"*.

Esto significa que los *"**Misterios**"* ocultos no pueden revelarse inmediatamente a los jóvenes iniciados, que huirían entonces de la secta y de sus doctrinas. Por ejemplo, **el falismo** o **culto al falo**, , descrito detalladamente por el francmasón Jacques-Antoine Dulaure y sobre el que volveremos más adelante, no es inmediatamente aceptable para la persona media que acaba de ser iniciada en una logia. Estos Misterios se infunden poco a poco en el alma del pretendiente a *la iluminación*, una infusión masónica que clasifica gradualmente las almas capaces de acceder (y asumir) la realidad luciferina de sus logias. Los lectores que puedan escandalizarse por la asociación de la logia con el luciferismo descubrirán que el expediente que tienen en sus manos apoya gradualmente esta afirmación...

Citando al alto iniciado masón Manly Palmer Hall: *"Cuando un masón aprende que el significado del guerrero en el tablero representa en realidad una dinamo que libera poder vivo, descubre entonces el misterio de su noble profesión.* **Las energías hirvientes de Lucifer están en sus manos. Antes de que pueda empezar a avanzar y ascender, debe demostrar que es capaz de utilizar estas energías correctamente (...) El hombre es un dios en construcción, y al igual que en los mitos místicos de Egipto con el torno del alfarero, debe ser moldeado".** ("The Lost Keys To Freemasonry" - Manly P. Hall, 1976, p.48)

El ídolo cornudo de Baphomet tan querido por los satanistas

El ex masón Serge Abad-Gallardo, autor del libro *"Je servais Lucifer sans le savoir"* (*Serví a Lucifer sin saberlo*) ha declarado que *la mayoría de los masones se unen a la masonería por supuesto no para adorar a Lucifer... aunque en el 29°grado* *hay adoración a Baphomet, o más exactamente **genuflexión ante Baphomet**.* (Radio Notre Dame - 01/03/2019)

También hay que señalar la gran esquizofrenia espiritual de la masonería. Se trata de una situación extremadamente paradójica en la que, por un lado, defiende el laicismo e incluso el ateísmo y el materialismo en el mundo secular, y por otro, entre bastidores, practica el ocultismo más avanzado... La masonería declara públicamente que "toda religión es alienante", pero ella misma funciona con ritos, rituales, ceremonias y una creencia compartida en el GADLU (Gran Arquitecto del Universo). Tiene sus "seguidores"... ¿no es una religión? **Es la religión de la república, en palabras del masón Oswald Wirth...**

Cecilia Gatto Trocchi, profesora de antropología en la Facultad de Ciencias Políticas de la Universidad de Perugia e iniciada en una logia masónica, declaró a la televisión italiana: *"Cuando estudié esoterismo y ocultismo, satanismo, misas negras, etc., me dije que ahí había algo enorme... **Descubrí que, de hecho, se trata de una larga corriente de personas que han pasado del marxismo al esoterismo, de una visión positivista y materialista de la vida, a una visión espiritualista y energética. Lo hicieron buscando invocar a las fuerzas del mal para obtener mayor poder, conocimiento e influencia sobre el mundo (...) Hubo un trasvase del laicismo materialista a un mundo esotérico y*** *gnóstico que dio origen al ocultismo. El Pacto con el Diablo está presente en la masonería desviada, que exonera a Satanás.*

En la logia a la que pertenecí, , una logia mixta, existía el poema "Himno a Satán" de Carducci. Esta gente piensa que Satanás/Lucifer ha hecho un gran favor a la humanidad dándole el fruto del conocimiento, es decir, que el Diablo queda así exculpado y considerado como un gran aliado de la humanidad".

Cecilia Gatto Trocchi
antropóloga

(*Enigma*, Rai 3 - 27/02/2004)

Como ya se ha señalado, Albert Mackey afirma que la Masonería tiene un aspecto luminoso y otro oscuro. **Una de sus raíces está en el gnosticismo, donde encontramos esta noción de "Luz" frente a "Oscuridad", una parte esencial de la teología gnóstica.** Algunos supervivientes de abusos rituales y control mental cuentan cómo sus agresores han cultivado deliberadamente esta escisión -o dualidad- en ellos, con una parte de su personalidad del lado de la *luz* (asistiendo a misas cristianas, por ejemplo) mientras que otra parte de su personalidad se somete y participa en prácticas rituales insanas y traumáticas *del lado de la* oscuridad -*Dr. Jekyll & Mr.* Hyde-.

23 |

El relativismo querido por los masones, típicamente gnóstico, les permite borrar toda noción del Bien y del Mal. **Es el principio masónico de la combinación o "síntesis de los opuestos", cuyo símbolo último es el adoquín de mosaico blanco y negro colocado en el corazón de la logia y de los rituales de iniciación.**

Las prácticas despreciables, de las que hablaremos más adelante en los testimonios, no son más que una forma de ir más allá del bien y del mal, lo que da a estos *iniciados* una especie de sentimiento de superioridad sobre las masas. Los rituales violentos, a veces mortíferos, y el libertinaje sexual extremo de estas sectas están vinculados a nociones de transgresión, excesos de todo tipo y violación de la moral social. Estos rituales se consideran el medio último de superar la condición humana y el orden social para alcanzar una especie de trascendencia humana, tanto más cuando van acompañados de estados alterados de conciencia debidos a las drogas y los estados disociativos.

¿Filantropía VS Psicopatía?

Constatamos que la Masonería tiene un lado que se puede calificar de "luminoso", el que le gusta destacar en el dominio público y laico: su gran "*Humanismo*" y su muy generosa "*Fraternidad*".

De hecho, la filantropía (cultural, científica y humanitaria) es uno de los grandes pilares de la secta masónica, que es la masonería en todas sus galas, mientras que paradójicamente abundan los manejos nefastos, incluso delictivos, entre los masones....

Los altos círculos masónicos son fundamentalmente dualistas. Estos individuos se esfuerzan por equilibrar sus malas acciones con las buenas. Los mayores filántropos son a menudo Luciferinos del más alto rango, su "generosidad" sirve a sus propios intereses.

En las Constituciones de Anderson, uno de los textos fundacionales de la masonería, existe una discrepancia total entre lo que proclama y lo que hace. *La búsqueda de la verdad*, el *estudio de la moral, el perfeccionamiento material y moral, la mejora intelectual y social*, la *tolerancia mutua*, el *respeto a los demás y a uno mismo*, la *libertad de conciencia*, etc., son las reglas que se supone que reinan en el corazón de los masones... que son, en efecto, hombres falibles... Pero basta ver el estado del mundo actual, desde que la humanidad está sometida a este sofisma masónico, para comprender qué farsa es este humanismo chorreante de buenos sentimientos, con tan pocos resultados... o tanto caos, digamos....

Éliphas Lévi dijo lo siguiente sobre el lema republicano masónico: "***Liberté pour les convoitises, Égalité dans la bassesse et Fraternité pour détruire***". (*Historia de la Magia* - 1913, Libro V, Cap.VII)

El escándalo *de Propaganda Due* estalló en Italia en los años ochenta. La logia masónica "P2" (Grand Orient d'Italie), dirigida entonces por Licio Gelli, se vio implicada en varios casos delictivos, entre ellos corrupción política y el atentado con bomba contra la estación de Bolonia en 1980, como parte de una *"estrategia de tensión"*. Esta poderosa y elitista logia masónica, vinculada a la mafia, fue descrita en su momento como un *"Estado dentro del Estado"* o un *"gobierno en la sombra"*. Entre sus miembros había diputados y senadores, industriales, pero también militares de alto rango, jefes de los servicios secretos, magistrados, banqueros, jefes de prensa, etc.

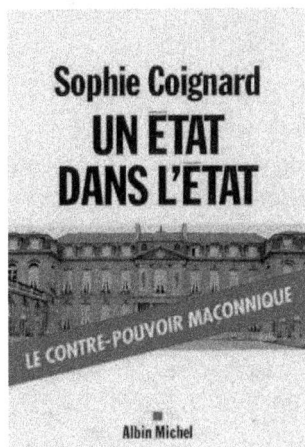

¿Un "Estado dentro del Estado"? Con este título, la periodista francesa Sophie Coignard publicó su libro sobre las redes masónicas en Francia. *Es importante comprender que la francmasonería es mucho más que una red social, es realmente un Estado dentro del Estado"*, declaró en el telediario de France 2. También se *mostró* tajante: "Cuando un magistrado es *francmasón, es un Estado dentro del Estado"*. También se mostró tajante al declarar: *"Cuando un magistrado es masón, cuando el acusado es masón y su abogado es masón, y posiblemente también el perito judicial, ¡eso puede plantear un problema!* (Programa *"Revu & Corrigé"*, France 5 - 24/03/2009) Impartir justicia implica prestar juramento, y cuando uno se convierte en magistrado presta juramento... Si uno es francmasón, ¿cuál de los dos juramentos prevalece sobre el otro a la hora de juzgar? Es evidente que a nivel de la justicia, estas connivencias masónicas plantean un grave problema...

En el caso del asegurador de Arras (Jacques Heusèle), muy probable organizador de ballets rosas (pedocriminalidad), el abogado Bernard Méry declaró que un juez le dijo claramente: *"Maître, no hay nada que podamos hacer en este caso, usted tiene la masonería... ¿Qué quiere hacer contra la masonería?"* (*Les Faits* - Karl Zéro)... Volveremos sobre esto.

Prácticamente todos los inculpados en el asunto Lille Carlton partouze eran masones del GODF. Los hechos revelaron un sistema de *proxenetismo agravado en banda organizada*, así como *encubrimiento de malversación de activos de la empresa*, *fraude* y *abuso de confianza*. Los tres jueces encargados del caso declararon que el asunto *era obra de redes de masones, libertinos y políticos*. Cabe señalar que un comisario de división, él mismo masón, utilizó archivos policiales para proporcionar información a esta red...

En 2013, en Battle Creek (Míchigan), la policía hizo una redada en un templo masónico a raíz de una denuncia sobre varias personas desnudas vistas tras las ventanas del edificio. El primer policía que cruzó la puerta se declaró *"conmocionado"* por la situación *"fuera de control"*. Declaró a un periodista presente en el lugar: *"Vi a una pareja manteniendo relaciones sexuales violentas, rodeada de muchas mujeres desnudas, había drogas y hombres filmando la escena"*. Según el periodista, que habló con vecinos de la zona, no era la primera vez que se celebraba una orgía en este templo... No se trata aquí de vigilar a la "policía de las moscas", sino de poner de relieve esta tendencia masónica hacia la desinhibición total destinada a superar la moral social, *los tabúes* y cualquier noción de bien y mal. Como veremos, estas actividades orgiásticas tienen sus raíces en los antiguos cultos mistéricos y ritos de magia sexual, en particular el culto dionisíaco y la Bacanal. Veremos que algunos masones parecen llevar estas prácticas desviadas al extremo, implicando a niños y adultos no consentidores en traumáticos abusos rituales...

Ghislaine Ottenheimer y Renaud Lecadre, autores del libro *"Les Frères Invisibles" (Los Hermanos Invisibles)*, relatan que varios masones les hablaron de los *"métodos dignos de las peores series policíacas, utilizados por ciertos Hermanos para comprometer a sus honorables asociados"*: **la utilización de clubes de sexo**

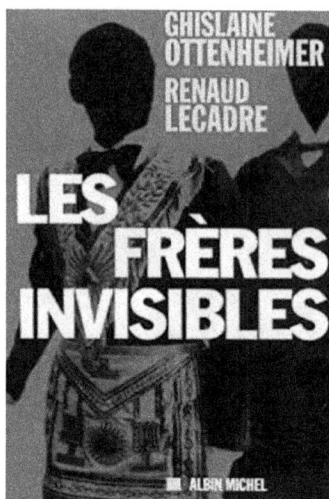

con espejos unidireccionales para hacer fotos, sin olvidar precisar que en estas "trampas de miel" se puede utilizar a niños pequeños. De este modo, todos se agarran de los pelos. Ottenheimer explicaba también en L'Express que *algunos magistrados temen que se anulen sus actuaciones debido a conexiones masónicas* (...) *La justicia masónica exige a sus miembros que se remitan primero a su jerarquía antes de emprender cualquier acción ante los tribunales de la República. Algunos incluso han sido expulsados por haber llevado a uno de sus miembros ante un tribunal civil sin haber tenido en cuenta el deseo de los rangos superiores de silenciar el asunto. ¿Cómo creer en la imparcialidad de esta justicia masónica?*

En el documental de Karl Zéro *"Le fichier de la honte"* (Affaire Zandvoort), vemos declarar a Juan Miguel Petit, ponente de la Comisión de Derechos Humanos de la ONU:

"Ha habido quejas y denuncias concretas de madres que afirman ser perseguidas por grupos, que podrían compararse a mafias o logias, que organizan la pornografía infantil". Tras su investigación en Francia, Juan Miguel Petit escribió en su informe[2] en 2003: *En varios casos*

---

[2] http://ekladata.com/619tRjph2N9yyTQQCvlopK-Pac8/rapport-onu-juan-manuel-petit-2003.pdf#viewer.action=download

comunicados al Relator Especial, se señaló que las personas acusadas de cometer abusos (contra niños) estaban estrechamente vinculadas a miembros de la judicatura o a personas que ocupaban altos cargos en la administración pública, que estaban en condiciones de influir en el resultado de los procedimientos en su perjuicio, argumento que también había esgrimido la División Nacional para la Represión de los Delitos contra las Personas y los Bienes....

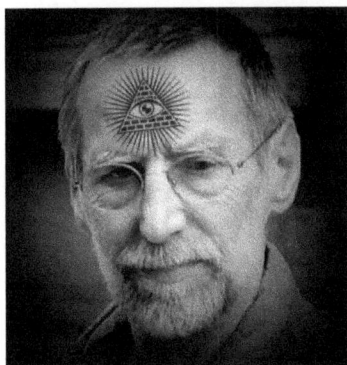

Poca gente sabe que el hombre apodado *el Ogro de las Ardenas*, el psicópata pedófilo Michel Fourniret, era masón. Fue el periodista Oli Porri-Santoro quien reveló en su libro *"Le fils de l'ogre"* *(El hijo del ogro)* que Fourniret pertenecía a la masonería del Gran Oriente de Francia, en la logia *"Frères Unis Inséparables"*. Oli Porri-Santorro, él mismo masón en aquella época, **afirma haber recibido presiones y amenazas para que no mencionara en su libro el vínculo entre Fourniret y la masonería.** Si *el ogro de las Ardenas* era un depredador aislado, como se le ha presentado, o si estaba vinculado a una red criminal de pedofilia, es otra historia...

Ver, por ejemplo, a miembros del Rotary Club (grupo cripto-masónico, fundado e integrado mayoritariamente por masones) vendiendo chucherías para el árbol de Navidad en la galería de un supermercado en beneficio de niños necesitados, o a los Shriners (rama masónica) financiando y haciéndose cargo de hospitales infantiles, es *"el lado luminoso de los* Hermanos"; mientras que ciertos testimonios perturban este decorado pacífico al denunciar la violación en grupo de niños durante rituales que llegan hasta el sacrificio de sangre, en los que participan Shriners o Rotarios: *"El lado oscuro de los Hermanos"*... - **Dr Jekyll & Mr Hyde -**

Para comprender mejor la serie de testimonios que se expondrán a continuación, volvamos ahora a la cuestión de las antiguas religiones de Misterios, de las que la Masonería pretende ser una continuación. Estas prácticas paganas podrían ayudarnos a comprender las oscuras motivaciones del pedo-satanismo, los abusos rituales traumáticos que conducen a profundos estados disociativos...

Religiones mistéricas, paganismo y rituales traumáticos iniciáticos

Según el escritor y conferenciante estadounidense Fritz Springmeier[3], uno de los secretos de las religiones mistéricas, en particular del culto egipcio de los Misterios de Isis, era la capacidad de utilizar drogas, tortura e hipnosis para crear personalidades múltiples (trastorno de identidad disociativo) en un ser humano. Según sus fuentes, los esclavos sexuales controlados mentalmente (hombres o mujeres) se utilizan hoy en día en los altos grados masónicos y otras logias esotéricas. Una alter personalidad programada desde la infancia puede servir de sacerdotisa durante ciertos rituales. Estas esclavas, disociadas por traumas, sufren trances, posesiones demoníacas y todo tipo de rituales perversos basados en la magia sexual.[4]

Los Misterios de Isis se basaban esencialmente en la magia. La hechicería egipcia e isíaca desempeñó un papel considerable en

---

[3] http://mk-polis2.eklablog.com/interview-de-fritz-springmeier-p635419

[4] http://mk-polis2.eklablog.com/magie-sexuelle-et-societes-secretes-jean-pascal-ruggiu-golden-dawn-a134245690

todo el Viejo Mundo, y estas prácticas ocultas no han desaparecido con el mundo materialista moderno: **han perdurado en la enseñanza de las sociedades secretas iniciáticas de tipo masónico.** *"La magia antigua era el fundamento de la religión. Los fieles que deseaban obtener algún favor de un dios no tenían ninguna posibilidad de conseguirlo a menos que pudieran echar mano de ese dios, y esto sólo se lograba mediante un cierto número de ritos, sacrificios, oraciones, etc.".* (M. Maspero, *Études de mythologie et d'archéologie égyptiennes*. París, 1893, tomo I, p.106)

Estos cultos eran especialmente frecuentes en la cuenca mediterránea, como las ceremonias babilónicas de *Inanna* y *Tammuz*, los Misterios egipcios de *Isis y Osiris*, el culto *órfico*, el culto *a Baco (*Dioniso), los Misterios *de Eleusis* y *Mitra*, los rituales *coribánticos* y los Misterios *de Atis* y *Adonis*.

Algunos testimonios actuales parecen confirmar que el culto a Dionisio/Baco y todas estas religiones paganas se siguen practicando hoy en día en Occidente. El libro *Ritual Abuse and Mind Control: The Manipulation of Attachment Needs* contiene el testimonio de una superviviente de abuso ritual satánico y control mental. La mujer nació en el seno de una familia que practicaba estos rituales de generación en generación. He aquí un extracto de su testimonio: *"**El primer asesinato de niños que puedo recordar conscientemente fue cuando tenía cuatro o cinco años** (...) Nos llevaron a una gran casa señorial, fue durante el verano con motivo de una fecha*

*importante . El viernes por la noche había un ritual seguido de una orgía sexual en la que participaban muchas personas disfrazadas en este enorme salón. **Baco era uno de los dioses que adoraban.** Al día siguiente salimos a un gran prado, había unas cien personas, era un gran ritual. **Mi madre estaba tumbada en el suelo, de parto. El niño nació, una niña. X me puso un cuchillo en la mano izquierda y me dijo algunas cosas sobre la niña. Luego puso su mano sobre la mía y apuntamos el cuchillo al pecho del bebé y lo matamos. Le sacó el corazón, todos aplaudieron y se volvieron locos, luego la niña fue desmembrada y consumida".***

Lo que tenemos aquí es la descripción de una secta que practica la depravación sexual y el sacrificio de sangre, que el profano calificaría de "satánica". Se trata del culto de Baco / Dionisio, cuyos orígenes se remontan al culto fálico de Osiris (vinculado a la fertilidad) en el antiguo Egipto, pero cuyo gusto por la sangre y la lujuria se ha multiplicado. La inmoralidad, la indulgencia inaudita de los sentidos y la práctica de la Alta Hechicería se encuentran en la mayoría de las sociedades secretas iniciáticas. Según el francmasón J-M Ragon, la Francmasonería es una *"renovación, una continuación de los Misterios de Egipto"*, estas doctrinas secretas paganas renovadas en una Gnosis reservada a los "Elegidos"...

El ritual orgiástico *de Eyes Wide Shut*, o cuando Stanley Kubrick **llevó el culto a Baco a** la pantalla

La Orden Masónica se basa en una ascendencia que contiene no sólo los rituales de los constructores de catedrales, sino también ritos de diversos cultos antiguos como las religiones de Misterios que implican, como veremos, rituales de iniciación traumáticos. En su libro *Fils de la Veuve (Hijo de la Viuda)*, el profesor Jean-

Claude Lozac'hmeur analiza los vínculos entre la tradición masónica gnóstica contemporánea y la mitología. Llega a la conclusión de que el mito *del Hijo de la* Viuda, tan apreciado por los francmasones, contiene una verdadera parábola que transmite, de forma velada, una tradición secreta a la que se asoció en sus orígenes un culto iniciático. Según él, una vez descifrado, este relato simbólico revela una religión dualista que opone un *dios maligno*, autor del Diluvio, a un *dios bueno*, de tipo prometeico (luciferino). **El *dios bueno* de los diversos gnósticos sería, pues, Lucifer oculto en su más bello disfraz, un "Dios liberador" que ilumina a los iniciados con la luz del conocimiento...**

En el libro *"Le monde grec antique"*, Marie-Claire Amouretti escribe sobre el culto a Baco / Dioniso en los Misterios:

"Dioniso aparece como el dios liberador, el dios del vino y del deseo desenfrenado. Todo el entramado cívico y familiar se resquebraja durante estas celebraciones, que Eurípides evoca extraordinariamente bien en Las bacantes: La embriaguez física y la libertad sexual expresan una profunda necesidad de liberarse de un sistema cívico, moral y familiar".

Marcel Détienne escribe en su libro *"Dioniso puesto a muerte"*: *"Los seguidores de Dioniso se esclavizan y se comportan como bestias feroces (...) El dionisismo permite escapar a la condición humana escapando a la bestialidad desde abajo, del lado de los animales.*

En el mundo dionisíaco, las prácticas consistentes en ceremonias colectivas **con sacrificios de sangre, danzas extáticas y ritos eróticos** se conocen como *"orgiasmos"*. Dioniso se presenta bajo la doble apariencia de dios de la Naturaleza y dios de las prácticas orgiásticas, al igual que Shiva en la India u Osiris en Egipto. **El orgiasmo pretende descondicionar al ser, devolviéndole por un momento a su naturaleza más profunda y reprimida: la puerta está abierta a los peores** excesos...

Según el historiador romano Tito Livio, autor de *"Roma y el Mediterráneo"*, los romanos que investigaron el Culto Misterioso de Baco descubrieron que **sus rituales incluían transgresiones sexuales y sacrificios de sangre.** Se trata del "**Escándalo de las Bacanales**", un acontecimiento histórico bien referenciado.

Estas diversas sectas antiguas parecen haber mezclado la noción de la fertilidad de la Madre Tierra con la de la fertilidad humana, bañándose en orgías rituales y sacrificios de sangre vinculados a un determinado calendario para honrar y hacer ofrendas a los dioses y diosas. Los abusos rituales satánicos, los sacrificios de sangre y la magia sexual que aún se practican hoy en día proceden de estas antiguas prácticas babilónicas.

En su libro *Les Divinités génératrices*, Jacques-Antoine Dulaure (a la sazón masón de *la* Logia *Osiris de Sèvres*) confirma que el culto mistérico de Baco se originó en Egipto y estaba vinculado al culto fálico (la adoración del pene). En su libro, Dulaure escribe: "*Heródoto y Diodoro de Sicilia coinciden en que el culto a Baco fue introducido en Grecia por un hombre llamado Melampo, que había sido instruido en un gran número de ceremonias por los egipcios. Según Heródoto, Melampo, hijo de Amythaon, tenía un gran conocimiento de la **ceremonia sagrada del falo**. En efecto, fue él quien enseñó a los griegos el nombre de Baco y las ceremonias de su culto, y quien introdujo entre ellos la **procesión del Falo** (...) **Todo lo más sagrado de estos misterios, lo que se oculta tan cuidadosamente, lo que no se nos permite conocer hasta muy tarde, lo que los ministros del culto, llamados Epoptes, desean tan ardientemente, es el simulacro del miembro viril**".*

El libro masónico titulado *"The Master Mason"* (Gran Logia F.&A.M. de Indiana, Comité de Educación Masónica) describe claramente el vínculo entre los cultos de Misterio de la antigüedad y la masonería moderna : *"La idea detrás de la leyenda de Hiram es*

tan antigua como el pensamiento religioso humano. Los mismos elementos existían en la historia de Osiris, celebrada por los egipcios en sus templos, al igual que los antiguos persas la referían con su dios Mitra. En Siria, los Misterios Dionisíacos contienen elementos muy similares, con la historia de Dionisio y Baco, un dios que murió y resucitó. También está la historia de Tamuz, tan antigua como las demás. **Todas estas historias se refieren a los antiguos Misterios. Son celebrados por sociedades secretas, como las nuestras, con ceremonias alegóricas durante las cuales los iniciados progresan a través de estas sociedades antiguas, pasando de un grado a otro. Lee estas historias antiguas y maravíllate de cuántos hombres han recibido todos la misma gran verdad, de la misma manera."**

En su libro *Symbolism of Freemasonry or Mystic Masonry*, el masón de grado 32 J.D. Buck escribe que *"la masonería sigue el modelo de los antiguos Misterios, con sus símbolos y alegorías, esto es más que una coincidencia debido a las fuertes similitudes."*

En 1896, en *"Historia de la Francmasonería"*, Albert Mackey escribió sobre la conexión entre la Masonería y las Religiones de Misterio: *"Es bien sabido que en los Misterios, como en la Francmasonería, hay obligaciones solemnes de secreto con penas por romper el juramento. He trazado las analogías entre los Misterios antiguos y la Masonería moderna (...)* **La Masonería es la continuidad ininterrumpida de los Misterios antiguos, la sucesión de lo que fue transmitido a través de las iniciaciones de Mitra".**

Una cripta mitraica, antepasada de la logia masónica moderna

Las analogías entre el culto mistérico de Mitra y la masonería contemporánea son numerosas e innegables. En su libro *El hijo de la viuda*, Jean-Claude Lozac'hmeur cita varias de estas similitudes. En primer lugar, la Sala de Misterios de Mitra era subterránea e incluía una cripta cuyo techo podía decorarse con estrellas que simbolizaban el universo, al igual que el techo de los templos masónicos. Los dos cultos tenían la misma disposición: a ambos lados de la sala, a lo largo, había bancos entre los que se alzaban cuatro pequeños pilares en el templo mitraico y tres pilares en el masónico. Las dos columnas que enmarcan los bajorrelieves de Mitra corresponden a las dos columnas de *Jakin* y *Boaz* en las logias modernas. Por último, pero no por ello menos importante, ambos cultos implican una iniciación que va precedida de pruebas, y también implican varios grados de iniciación. El ritual de iniciación del primer grado masónico es prácticamente idéntico a las representaciones de iniciación en el mitraísmo. En ambos casos, los ojos del candidato están velados por una venda que una figura sujeta detrás de él, y en ambos casos el maestro de la ceremonia le entrega una espada. En la iniciación de Mitra, el candidato está desnudo y sentado con las manos atadas a la espalda, mientras que en la iniciación masónica, el candidato tiene un brazo y una pierna desnudos y está de pie con las manos libres. Es más que probable que se trate del mismo culto que ha sobrevivido a los siglos.

El propio Albert Pike admitió que la Masonería era un vestigio de la religión antediluviana de los Misterios, la religión babilónica: *"Se supone que la leyenda de las columnas de granito, latón o bronce que sobrevivieron al diluvio, simbolizan los Misterios, **de los cuales la Masonería es la legítima sucesión"**.* Albert Mackey señala en *"The History of Freemasonry"* que *la historia tradicional de la Masonería comienza antes del Diluvio. Existía un sistema de instrucción religiosa que, por su similitud con la Masonería en los niveles legendario y simbólico, ha sido llamado por algunos autores* ***"Masonería Antediluviana"****.* En su libro *"La Symbolique Maçonnique"*, Jules Boucher, también francmasón, afirma que ***"la Masonería actual no es una superviviente de los Misterios de la Antigüedad, sino una continuación de dichos Misterios"****.*

Es legítimo plantearse varias preguntas: ¿transmite la masonería moderna iniciaciones y conocimientos similares a los de los antiguos cultos babilónicos? ¿Ha conservado este conocimiento secreto masónico una doctrina basada en el paganismo, incluyendo prácticas sexuales depravadas así como sacrificios de sangre y bautismos (magia sexual y demonología)? ¿Es esta la *parasitaria* Masonería *Negra* con sus traumáticos rituales de iniciación mencionados por Albert Mackey? Esta afirmación de muchos escritores francmasones de descender de los "misterios" más vergonzosos de la antigüedad demuestra que las doctrinas y prácticas de la francmasonería tienden a la restauración del paganismo antiguo en su forma más perversa. La magia sexual y los rituales iniciáticos de Muerte y Renacimiento Simbólico están en el corazón de los Misterios de la Alta Masonería y la Alta Hechicería. **Sin el conocimiento de**

estas prácticas ocultas, es difícil comprender y dar credibilidad a los relatos de abusos rituales satánicos que escapan a la comprensión del profano.

En su tratado sobre magia sexual, Pierre Manoury escribe sobre estos ritos: *"Hay que señalar que constituyen prácticas rituales de manipulación energética en varias tradiciones; desde ciertas sociedades occidentales muy cerradas, hasta los sabbats de alta hechicería, desde las bacanales griegas hasta priapées y los rituales orgiásticos de Shiva (...) ciertas ramas de la magia son bastante elitistas, y la magia sexual es una de ellas".*

En el prefacio de su manual de magia sexual (*El Misterio de la Horca*), la ocultista rusa María de Naglowska marca claramente la pauta de estas prácticas esotéricas: *"Divinamente, la misión de nuestro Triángulo consiste en enderezar al Espíritu Maligno por el buen camino o, dicho de otro modo, **en redimir a Satán***.

Pascal Beverly Randolph

MAGIA SEXUALIS

Tehnici sexuale de înlănțuire magică

Sexul este cea mai mare forță magică a Naturii.

ANTET

Uno de los "padres" de la magia sexual occidental es Paschal Beverly Randolph. Según él, *"el verdadero poder sexual es el poder de Dios"*, que puede utilizarse tanto como experiencia mística como en prácticas mágicas para obtener dinero, el regreso de un ser querido o para todo tipo de fines... Las enseñanzas de Randolph sobre magia sexual fueron ampliamente difundidas en muchas sociedades masónicas secretas y otras fraternidades esotéricas de Europa, en particular la *Ordo Templi Orientis* (O.T.O.). Randolph había fundado una orden religiosa dedicada a la *regeneración espiritual de la humanidad*, llamada la Hermandad de Eulis, fundada oficialmente en 1874. Afirmaba que su nueva secta tenía sus raíces en los Misterios de Eleusis, una de las muchas religiones griegas antiguas. Randolph también estaba vinculado a la tradición rosacruz, pero afirmaba que la Hermandad de Eulis estaba mucho más conectada con los Misterios que la Orden de los Rosacruces, que, según él, no era más que una puerta de acceso al santuario de Eulis: **los secretos más profundos de Eulis se centraban en gran medida en rituales de magia sexual, vinculados al culto a la fertilidad de las antiguas religiones mistéricas.** Sarane Alexandrian, autora de *"La Magie Sexuelle: Bréviaire des sortilèges amoureux"*, relata en su libro **que fueron las organizaciones iniciáticas, es decir, las sociedades secretas, las encargadas de enseñar magia sexual a los iniciados.** Karl Kellner y Theodor Reuss, dos francmasones del más alto grado, fueron los fundadores *del Ordo Templi Orientis* (O.T.O.), que según Alejandría era una verdadera escuela de magia sexual. En 1912, la O.T.O. publicó en el Oriflamme: *"**Nuestra Orden ha redescubierto el gran secreto de los Templarios, que es la clave de toda la mística masónica y hermética, a saber, la enseñanza de la magia sexual. Esta enseñanza explica, sin excepción, todos los secretos de la Naturaleza, todo el simbolismo de la Masonería y todo el funcionamiento de la religión"**.*

Alexandrian afirma que la O.T.O. comprende 12 grados iniciáticos y que sólo a partir del octavo grado se puede empezar a abordar la magia sexual a través de la masturbación iniciática. **El séptimo grado se centra en la adoración del falo bajo el símbolo de Baphomet.** El noveno grado enseña la magia sexual propiamente dicha, es decir, cómo realizar el acto sexual para obtener poderes.

El libro *Secrets of the German Sex Magicians* presenta los tres grados iniciáticos de la magia sexual enseñada por Aleister Crowley y practicada por los miembros de la O.T.O. :

VIII° = Enseñanza de prácticas mágicas autosexuales (masturbación).
IX° = Enseñanza de prácticas mágicas heterosexuales, interacción entre el esperma y la sangre menstrual o las secreciones   femeninas.
XI° = Enseñanza de prácticas mágicas homosexuales, aislamiento del ano (*per vas nefandum*), sodomía, interacción con excrementos.

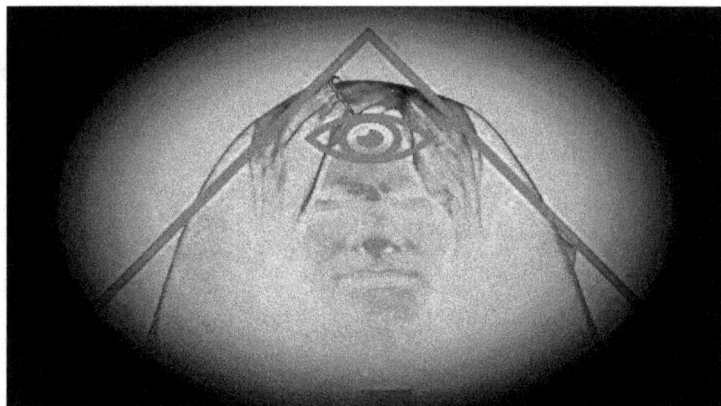

Observamos que las enseñanzas de la O.T.O. sobre magia sexual que aparecen en último lugar son las relativas al recto. En su libro "*Shiva et Dionysos: La religion de la Nature et de l'Éros*", Alain Daniélou escribe: "*Existe todo un ritual vinculado a la penetración anal, a la Kundalini* (...) *esto explica un rito de iniciación masculina, muy extendido entre los pueblos primitivos, **en el que los iniciados varones adultos tienen relaciones sexuales en el ano con los novicios*** (...) Este acto es también una de las acusaciones que se hacen a las organizaciones **dionisíacas.***Este acto es también una de las acusaciones lanzadas contra las organizaciones dionisíacas por sus detractores, y contra ciertos grupos iniciáticos*".

Frater U D.·. .·. el autor de "*Secretos de los magos sexuales alemanes*" afirma que los ocultistas buscan estados alterados de conciencia a través de rituales sexuales para obtener lo que ellos llaman *poderes mágicos*. El autor anima claramente a sus lectores a practicar rituales que **superen los tabúes** sexuales e insiste en que "***mediante el uso de prácticas extrañas e inusuales, accedemos a estados alterados de conciencia que proporcionan la clave de los poderes mágicos***". Este es el tipo de afirmaciones que podrían explicar los relatos de abusos rituales de los pederastas, cuya perversidad es incomprensible, llegando incluso al sacrificio humano.

Los rituales iniciáticos de renacimiento que implicaban una muerte simbólica estaban muy extendidos en las religiones mistéricas. Estos ritos de renacimiento tenían sus raíces en los antiguos cultos de fertilidad vinculados a la Diosa Madre. En los antiguos Misterios, el iniciado recibía la promesa de la omnipotencia divina, una unión cósmica con el "todo", a través de la unión simbólica con *la Madre*. En los Misterios Eleusinos, existía una iniciación llamada el "*Descenso Oscuro*" a la Madre. El hierofante era acompañado en esta oscura iniciación por una sacerdotisa que representaba a la Diosa Madre, el descenso a su vientre. En el culto a Mitra, el iniciado descendía a una fosa y se derramaba sobre él la sangre de un animal. Tras este bautismo y renacimiento, recibía *leche nutritiva*.

La famosa sociedad secreta elitista *Skull and Bones* practica un ritual simbólico de muerte en el que el iniciado es introducido desnudo en un ataúd y debe pasar por varias etapas traumáticas

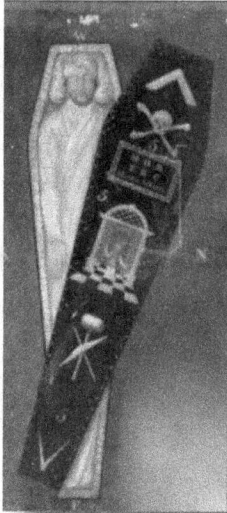

con el objetivo de renacer y transformar su vida. Para *Skull and Bones*, durante la noche del ritual el iniciado *"muere al mundo para renacer en la Orden (...) mientras se encuentra en el ataúd en un viaje simbólico por el inframundo para renacer...".* El juramento prestado por el iniciado durante este ritual de renacimiento jura fidelidad a la Orden secreta que sobrepasa todo lo que concierne al mundo profano. En su libro *The Satanic Rituals: Companion to The Satanic Bible*, Anton Lavey, fundador de la Iglesia de Satán, escribió:

"La ceremonia de renacimiento tiene lugar en un gran ataúd, de forma similar este simbolismo del ataúd se encuentra en la mayoría de los rituales de logia". El ritual iniciático renacentista más extremo, como la **"ceremonia de resurrección"**, consiste en infligir traumas extremos para provocar una experiencia cercana a la muerte con salida astral... que puede realizarse en un adulto o... en un niño. **Aprender a sufrir, pero también aprender a causar sufrimiento, parece formar parte de las iniciaciones oscuras.**

La iniciación de niños mediante rituales traumáticos no es infrecuente en el paganismo. En la iniciación druídica, los candidatos se sometían a rituales destinados a hacerles trascender el dolor y el miedo (confinamiento en cuevas, cofres o ataúdes) durante varios días, para luego *volver a nacer*. El objetivo de estas prácticas iniciáticas, conocidas como *fuego místico*, era alcanzar un *resplandor de luz*, es decir, un profundo estado de disociación. Ross Nichols, especialista en druidismo y mitología celta, escribe en "*The Book of Druidry*" que los druidas **sumergían o cocinaban al niño en fuego místico... En otras palabras, a veces se sometía al niño a estas pruebas de iniciación disociativas.**

Señalemos aquí *que el autor sagrado* de la masonería, J.M. Ragon, escribió que "*Los druidas de Bretaña, que derivaban su religión de Egipto, celebraban las orgías de Baco*". (F∴ J.M Ragon, Cours philosophique. p. 62) ¿Es un mundo pequeño...?

Los rituales de iniciación traumáticos están diseñados para trascender la conciencia. En su libro *A Course of Severe and Arduous Trials*, Lynn Brunet explica que *las pruebas de los antiguos cultos místicos estaban diseñadas para producir estados alterados de conciencia, una experiencia mística que implicaba un estado de éxtasis y unión con lo divino. Los métodos consistían en explotar el dolor, el miedo, la humillación y el agotamiento.*

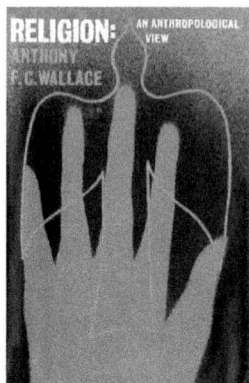

Este estado alterado de conciencia ante el terror y el dolor extremo, este *resplandor de luz o iluminación*, es lo que ahora llamamos a la luz de la psicotraumatología: **Disociación** (véase el apéndice n° 3). Este es un punto esencial a comprender cuando se estudia la pedocriminalidad y el pedosatanismo en particular. Los estados disociativos, hasta el punto de escindir la personalidad, son la base sobre la que se construye la programación mental -en particular la esclavitud sexual- que tanto gusta a ciertos grupos de ocultistas...

En su libro *"Religion: An Anthropological View"*, el antropólogo Anthony Wallace describe un *proceso de aprendizaje ritual* que **funciona esencialmente con lo que él llama la *"Ley de la disociación"*. Escribe que estas prácticas, que pretenden inducir un estado espiritual extático manipulando directa y crudamente el funcionamiento fisiológico humano, se encuentran en todos los sistemas religiosos antiguos y primitivos.** Wallace clasifica estas manipulaciones en cuatro categorías principales:

- 1) Drogas
- 2) Privación sensorial y mortificación de la carne mediante el dolor
- 3) Privación del sueño
- 4) Privación de alimentos, agua u oxígeno

Wallace describe indirectamente, sobre una base antropológica, los orígenes del abuso ritual satánico y del control mental. Describe cómo se pone al neófito en un estado en el que se disocia radicalmente de todos sus conocimientos pasados para recibir nueva información. La reestructuración cognitiva y afectiva (programación) se facilita en estos estados disociativos, donde se multiplica la sugestionabilidad del sujeto. Wallace señala que *la eficacia de estos procedimientos para inducir cambios fisiológicos se ha demostrado incluso en entornos no religiosos, sobre todo en experimentos clínicos sobre los efectos de la privación sensorial y diversas técnicas de "lavado de cerebro" o "reforma del pensamiento".* Se refiere aquí al programa MK-Ultra.

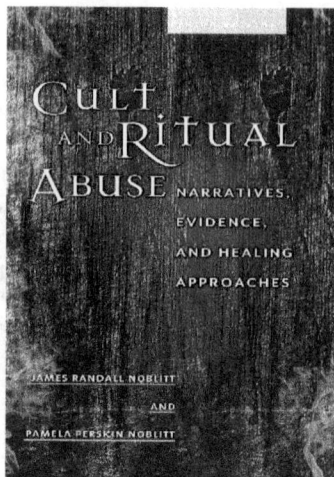

Anthony Wallace habla de un *estado espiritual extático* provocado por ciertos rituales, un éxtasis provocado por un profundo estado disociativo. La palabra *éxtasis*, que procede del griego *ekstasis* que significa *salida del cuerpo*, esta *iluminación* disociativa durante el traumatismo es considerada de hecho por algunos como extática, es decir, un estado de conciencia donde pasado, presente y futuro se trascienden y se unifican....

Las víctimas de violaciones, ya sean adultos o niños, relatan muy a menudo este fenómeno de disociación extrema, en el que **tienen la sensación de** haber **abandonado su cuerpo físico durante la tragedia,** observando la escena desde el exterior, habiéndose "desvanecido" sus emociones y su dolor físico.

Según el profesor de psicología estadounidense James Randall Noblitt**, el trauma siempre se ha considerado a lo largo de la historia como un medio para crear estados alterados de conciencia**: *"Hay muchas formas de crear estados alterados de conciencia. Obviamente puedes meditar, hacer hipnosis, escuchar tambores y dejarte llevar un poco... pero no ocurrirá nada muy impresionante... Estoy convencido de que hace mucho tiempo, algunas personas comprendieron que si traumatizas a una persona de cierta manera, puedes crear al dios que adoras* (la disociación con salida astral es una puerta abierta a la posesión por una entidad exterior)*. Por eso muchas religiones antiguas incluían el trauma en su culto. Hay un libro sobre el tema, Dios es un trauma, que trata en particular de ciertas prácticas gnósticas traumáticas que se remontan a la antigüedad. Podemos remontarnos aún más atrás, a la época medieval, al chamanismo y al druidismo. Aquí es donde comenzaron las prácticas de programación mental, cuando los* *individuos observaron que la aplicación de rituales traumáticos podía producir estados disociativos, identidades disociadas, es decir, deidades* (posesión). *Con el tiempo estas prácticas han sufrido algunos cambios, pero no tantos... Usted debe estar familiarizado con los Cultos Misteriosos que existieron en el Mediterráneo en la antigüedad, hasta la época medieval. Muchos de ellos también implicaban rituales traumáticos. Hoy en día, algunas personas afirman que la continuación de estos cultos, es decir, las organizaciones fraternales de los tiempos modernos, las sociedades secretas, también practican este tipo de cosas."*

Esta forma extrema de iniciación juvenil puede encontrarse en muchas culturas. En Papúa Nueva Guinea, los rituales traumáticos destinados a aterrorizar al iniciado forman parte integrante de los cultos locales. Los jóvenes que se someten a estos protocolos se encuentran totalmente aterrorizados por la ceremonia, que consiste en perforarles el tabique nasal y quemarles el antebrazo. Según el antropólogo Erik Schwimmer, el objetivo de la iniciación *Orokaiva* papú es provocar *"un terror absoluto y duradero en el candidato"*. El pánico se induce deliberadamente en el niño o adolescente, **que puede incluso no sobrevivir a la iniciación**. El antropólogo Maurice Bloch relata los efectos de la ceremonia *Embahi*, que describe como la **muerte simbólica del iniciado al neutralizar su vitalidad y convertirlo en un ser puramente trascendental** (estado disociativo). **Tras esta iniciación, el niño se convierte en sagrado**...

Se trata de prácticas paganas que podrían ayudarnos a comprender las oscuras motivaciones *de los modernos* **abusos**

rituales satánicos destinados a crear los estados disociativos necesarios para el control mental. **Se trata de sacralizar al niño a través de estados disociativos profundos... Una muerte iniciática con un renacimiento para hacer del niño un asesino en lugar de una víctima: un miembro de pleno derecho del culto luciferino.**

Este principio de iniciación a través del trauma es común a todas las estructuras fraternales luciferinas/satanistas, **para las que la iniciación en la primera infancia es la mejor manera de obtener un adulto leal y fiel (bajo control mental), que respetará perfectamente la ley del silencio mientras perpetúa la oscura tradición de los "Misterios".** Los rituales que implican actos perversos e inmorales, como la despreciable pedocriminalidad, también pueden utilizarse para chantajear a los implicados para que guarden silencio. Esto permite crear lazos *"fraternales"*, tanto más fuertes cuando en un grupo se ha cometido un sacrificio humano, un crimen ritual, y las cámaras han filmado la escena para inmortalizarla. Los adeptos que se sumergen en esta violencia adictiva se sienten unidos entre sí por un secreto estrictamente imposible de revelar a . **Es un pegamento malsano que une a los miembros y les da un sentimiento de superioridad sobre la masa profana de la humanidad.** Estos cultos politeístas pedosatánicos, que practican la violación ritual, el sacrificio humano y el bautismo de sangre, rinden culto a entidades como Moloch... La arrepentida Svali (nacida en el seno de un culto luciferino) informa de que el grupo al que pertenecía (San Diego-EE.UU.) tiene prácticas similares a estas antiguas religiones mistéricas babilónicas, incluido el bautismo de sangre: *"Los niños participarán en rituales durante los cuales los adultos llevan*

*togas, y deben, entre otras cosas, postrarse ante la deidad guardiana de su culto. Moloch, Ashtaroth, Baal y Enokkim son demonios comúnmente venerados. El niño puede presenciar un sacrificio real o escenificado, que sirve de ofrenda a estas deidades. Los sacrificios de animales son comunes. **El niño será obligado a participar en los sacrificios y tendrá que someterse a un bautismo de sangre.** Deben coger el corazón u otros órganos del animal sacrificado y comérselos (...) **Realizan rituales de iniciación con niños** o con adeptos mayores, **se ata al iniciado y se desangra un animal sobre él**".*

El antiguo francmasón Olivier Roney, citado anteriormente, afirma que los fundamentos de la francmasonería se basan en el culto a Mitra. Como hemos visto, el profesor Lozac'Hmeur ha demostrado las grandes similitudes entre los ritos de iniciación mitraicos y masónicos. Los historiadores informan que el Culto Misterioso de Mitra realizaba un bautismo de sangre conocido como *Taurobole*, una ceremonia en la que todos los pecados eran limpiados con la sangre de un toro sacrificado. Esto era en memoria del toro divino sacrificado por Mitra. Benjamin Walker, autor de "*The Woman's Encyclopedia of Myths and Secrets*", describe así esta ceremonia de iniciación: "*Primero hay unos días de abstinencia de comida y sexo, seguidos de una ceremonia de ablución tras la cual se atan las manos del candidato a la espalda y se tumba en el suelo como si estuviera muerto. Tras ciertos ritos solemnes, el hierofante le coge la mano derecha y resucita.* **A continuación viene el bautismo de sangre . El iniciado se encuentra desnudo en una fosa cubierta por una reja, encima de la cual se sacrifica un animal para que la sangre fluya sobre el candidato. Sea cual sea el animal, siempre simboliza el toro de Mitra. El poeta cristiano Prudencio escribió una descripción de este ritual, que recuerda personalmente**: "*A través de la reja fluye hacia la fosa el líquido rojo que el neófito recibe sobre su cuerpo, cabeza, etc.*". **Simbólicamente, el iniciado ha resucitado de entre los muertos y ha sido purificado por la sangre revitalizante del toro. Ahora se le considera "renacido a la eternidad" y será acogido en la comunidad de los iniciados como un Hermano, un Elegido**". En relación con este culto mitraico, se informa de que "*las enigmáticas y terroríficas ordalías iniciáticas parecen producir desorientación cognitiva en los individuos iniciados*". (*Ciencia cognitiva, ritual y las religiones mistéricas helenísticas, Religión y Teología* - Martin Luther, 2006) En el abuso ritual satánico, esta desorientación cognitiva de la víctima es esencial para el condicionamiento y la programación mental.

¿Practican aún hoy ciertas sociedades masónicas secretas este tipo de ceremonia sangrienta... con un efecto potencialmente traumático ? Un documento oficial que contiene las audiencias y actas **del asunto Dutroux en Bélgica** (hecho público por *Wikileaks* en 2009) da cuenta de ciertos testimonios relativos a sacrificios de sangre durante rituales que a veces implican una especie de bautismo de sangre. Se trata de declaraciones y denuncias, y no se ha llevado a cabo ninguna investigación adecuada para determinar si los testimonios son ciertos. Todos estos casos se silencian sistemáticamente... ¿Por qué?

He aquí algunos extractos del documento:

- *X1 mató dos conejos y una cabra enana por orden de B. La orgía tuvo lugar en el garaje. Los participantes llevaban disfraces especiales: cuero, capas, máscaras, etc. C. tiene que comerse el corazón del conejo sacrificado. Los niños atados a anillas en el garaje. La sangre de la cabra fue vertida sobre C.* (PV 118.452, 10/12/96, Audiencia de la testigo X1 (Regina Louf), página 542).

- *Había misas negras en esta dirección (...) El apartado 29 (diario de W.) menciona a una familia que practica*

sacrificios humanos, incluida su propia hija (...) *La llevaron a una casa donde hay una gran piscina en el exterior. Hay muchos hombres y mujeres. La hicieron beber en el coche. Hay un gran fuego en el jardín. Hay otras tres chicas* (...) *Durante un juego en esta casa, le echaron sangre caliente por encima.* (PV 117.753, 754 y 118.904, Audiencia de W., página 749)

- *En abril de 1987 asistió a una misa negra en Gante. Misa satanista. Se sacrificaron animales, se destriparon y luego se mataron. Los participantes bebieron la sangre de los animales* (...) *T4 no pudo asistir a toda la ceremonia. Descripción de la villa. Vehículos lujosos* (...) *J. y E. informaron de que había miembros del Parlamento y otras personalidades. Cánticos en un idioma desconocido. Sacerdotes y sacerdotisas desnudos bajo sus mantos. Todo el mundo con capas y máscaras. El sufrimiento de los animales sacrificados es el medio para obtener poder y fuerza.* (PV 118.220, 04/12/96, información T4, página 125)

- *Conoce iglesias satánicas en Hasselt, Bruselas, Gante, Knokke, Lieja, Charleroi y Mozet* (...) *Los sacrificios van de animales a humanos. Los sacrificios van seguidos de orgías* (...) *A veces se sacrifica a la mujer y se utiliza su sangre para los ritos.* (PV 100.693, 06/01/97, Audiencia de L. P., página 126)

- *W. habría participado en misas negras con otros menores. Habló de menores marcadas con hierro candente y de sacrificios humanos en . También habló de carne humana preparada que las niñas tenían que comer. Durante estas veladas, las menores eran violadas por los participantes. (PV 116.780 21/11/96, Audiencia de W., página 746)*

- *En 1985, participó en varias sesiones de espiritismo satánico cerca de Charleroi. En una ocasión, se ofreció a los asistentes la sangre de una niña de 12 años. No asistió al asesinato* (...) *in situ, le drogaron antes de llevarle a una sala con enmascarados vestidos con túnicas negras. Los participantes bebieron sangre. Había una niña desnuda tendida en un altar, estaba muerta* (PV 250 y 466, 08/01/97 y 16/01/97, Audiencia de T.J., página 260).

- *Fue al castillo por primera vez cuando tenía 14 años en el Jaguar beige de V. (...) durante las lunas llenas (...) Escribe: En círculo alrededor del fuego - hay velas - todos de pie excepto el bebé y la oveja - el bebé llora (...) Describe la matanza del bebé y la mezcla de su sangre con la de la oveja. Después queman al bebé y a la oveja y todos "hacen el amor juntos". Al bebé le arrancan el corazón* (PV 150.035, 30/01/97, Audiencia de N. W., página 756).

Abuso ritual y control mental en la masonería

Definición

A pesar de las pruebas detalladas de abusos rituales procedentes de niños, familias, supervivientes adultos, agentes de policía, terapeutas y asociaciones que trabajan con víctimas, a pesar de la notable coherencia de estos informes tanto a escala nacional como internacional, a pesar de las similitudes y coincidencias entre los distintos casos y testimonios, la sociedad en su conjunto sigue resistiéndose a creer en la cruda realidad de los abusos rituales. Sigue existiendo la creencia errónea de que las actividades criminales "satánicas" son aisladas y poco frecuentes. No se trata de un problema nuevo, pero la sociedad apenas empieza a reconocer la gravedad y el alcance de este fenómeno.

Hay muchos niveles de delitos pedófilos, cada uno más vil que el anterior...

Para algunos enfermos, se trata de satisfacer sus impulsos sexuales y hasta ahí, aunque saben que estos enfermos también actúan en red y pueden interactuar con grupos sectarios por intereses comunes. Para otros psicóticos "iniciados", esto forma parte del ocultismo, es decir, de prácticas que interactúan con lo invisible.

"Cuando investigas este tipo de casos, también tienes que ver el lado oculto de las cosas, los asesinatos rituales. Está claro que estos casos suelen estar desacreditados y son tan horribles que la gente no quiere ir más allá. Para muchos, estos abusos rituales son inconcebibles. Pero una vez que nos damos cuenta de lo que realmente implican estos actos, empezamos a

comprender que sus autores han separado las nociones del bien y del mal. Sabemos que hay sectas y sociedades secretas, que existe un poder oculto y un culto al poder. Y existe la creencia de que el bien y el mal no existen, de que el verdadero poder reside en la superación del bien y del mal. Estas personas no creen en una fuerza trascendente a la que debamos rendir cuentas. Como no hay valor, ni Dios, ni responsabilidad, hago lo que quiero y lo que me place. Tengo el poder de la vida y de la muerte sobre quien yo quiera. Así es como se organizan estas sectas. Hay dos tipos de delitos pedófilos: el pedófilo 'simple' y el pedófilo perverso con una vertiente ritualista". (Xavier Rossey en Alain Goossens y Hermès Kapf, "*¿Tous manipulés? Avant, pendant, après l'affaire Dutroux*", Dossiers Secrets d'État, n° 10, agosto de 2010, p. 5).

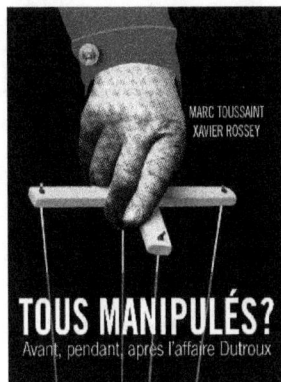

La ex magistrada Martine Bouillon lo describió en estos términos durante un famoso debate televisivo tras una explosiva investigación sobre abusos rituales: "*Violación infantil: el fin del silencio*":

-    Acabamos de comprender que la pedofilia existe, pero aún no podemos comprender que existe... incluso peor que la "simple" pedofilia.

El abuso ritual puede definirse como un método de control de personas de cualquier edad, consistente en maltrato físico, sexual y psicológico mediante el uso de rituales. Implica agresiones físicas, emocionales y espirituales repetitivas, combinadas con el uso sistemático de símbolos, ceremonias y manipulaciones con fines maliciosos, **normalmente el control mental o la programación mental.**

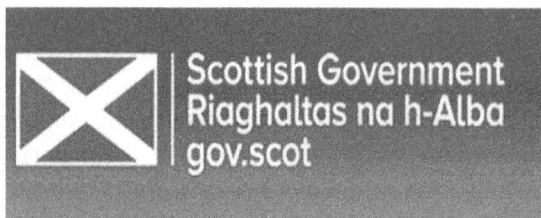

Scottish Government
Riaghaltas na h-Alba
gov.scot

En su Guía Nacional para la Protección de la Infancia, el sitio web oficial del Gobierno escocés ofrece información sobre el abuso ritual: *El abuso ritual puede definirse como agresiones sexuales, físicas y psicológicas de forma organizada y sistemática durante un largo periodo de tiempo. Implica el uso de rituales, con o sin creencias particulares. Suele llevarse a cabo en grupo. El abuso ritual suele comenzar en la primera infancia e implica el uso de modelos de aprendizaje y desarrollo diseñados para reforzar el abuso y silenciar a las víctimas* (nota del editor: control mental). *Algunos grupos organizados (redes) utilizan comportamientos inusuales o ritualizados como parte del abuso ritual , a veces asociados a creencias espirituales particulares.*

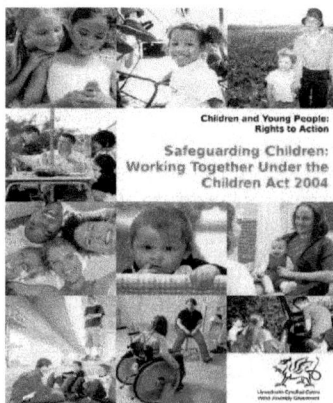

En el Reino Unido existe un documento del Ministerio de Sanidad dedicado a la protección de la infancia, titulado *Working Together under the Children Act.* En 1991 el documento describía: *"El abuso organizado es un término paraguas para el abuso que implica a varios perpetradores, a varios niños, y generalmente abarca diferentes formas de abuso (...) Algunos grupos organizados pueden exhibir un comportamiento extraño y ritualista, a veces asociado con 'creencias' particulares. Este puede ser un*

mecanismo poderoso para aterrorizar a los niños maltratados, de modo que no revelen a qué están siendo sometidos".

En 2011, la revista *Trauma & Dissociation* (*Sociedad Internacional para el Estudio del Trauma y la Disociación*) publicó un dossier[5] titulado "*Directrices para el tratamiento del trastorno de identidad disociativo en adultos".* He aquí un extracto: "*Una minoría sustancial de pacientes que padecen Trastorno de Identidad Disociativo (TID) denuncian abusos sádicos, explotación y coacción a manos de grupos organizados. Puede organizarse en torno a las actividades de redes de pedofilia, pornografía infantil o prostitución infantil, diversos grupos "religiosos" o sectas, sistemas familiares multigeneracionales y redes de trata de seres humanos y prostitución. Los abusos organizados incorporan con frecuencia actividades sexualmente perversas, horribles y sádicas, y pueden implicar la coacción del niño como testigo o participante en el abuso de otros niños. Los supervivientes de abusos organizados se encuentran entre los pacientes disociativos más*

ASCA

Advocates for Survivors of Child Abuse

---

[5] https://www.isst-d.org/wp-content/uploads/2019/02/TraitementsAdultesEnFrancais.pdf

traumatizados. Algunos de estos pacientes altamente traumatizados presentan una marcada amnesia para gran parte de su abuso, y la historia del abuso organizado sólo emerge en el curso del tratamiento".

En 2006, ASCA (*Advocates for Survivors Child Abuse*), una organización australiana de abogados, publicó un informe [6] titulado *Ritual Abuse & Torture in Australia (Abuso ritual y tortura en Australia)*, del que se extraen los siguientes fragmentos: *"El abuso ritual es un delito con múltiples niveles en el que familias disfuncionales se unen para organizar estos delitos, explotando a los niños con fines lucrativos. El principal explotador y maltratador del niño maltratado ritualmente suele ser uno de sus padres. Estos grupos de maltratadores suelen estar formados por dos o tres familias que forman una red y que ofrecen a sus propios hijos para que sean maltratados por los demás miembros de la red. En su libro "Trauma Organised Systems: Physical and Sexual Abuse in Families", Arnon Bentovim describe a estas familias como un "**sistema de trauma organizado**" en el que un trauma grave define y moldea la estructura familiar y la interacción entre sus miembros. Las víctimas crecen en un entorno en el que la violencia, los abusos sexuales y los traumas extremos son la norma. En este contexto de explotación sexual organizada, la violencia y el incesto cometidos por los agresores contra sus propios hijos pueden verse no sólo como un comportamiento sádico, sino también como una especie de entrenamiento en estas prácticas de explotación sexual"*.

---

[6] http://ekladata.com/VDn_XpmtR0tVh9cHq38BrBeTybQ/Ritual-Abuse-and-Tortute-in-Australia-ASCA.pdf

Muchas víctimas o verdugos que han estado bajo la influencia de estas prácticas extremadamente traumáticas durante la infancia y la adolescencia desarrollan graves trastornos disociativos, incluido el síndrome de personalidad múltiple (Trastorno de Identidad Disociativo[7]), que es el nivel más extremo de disociación psíquica.

El torturador puede ser, por tanto, una segunda personalidad (un alter) del individuo, que no será consciente de su funcionamiento *de Dr. Jekyll & Mr. Hyde* debido a los muros amnésicos que separan las distintas personalidades. Puede estar perfectamente integrado en la sociedad y su personalidad pública no dará ninguna pista de sus actividades ocultas y violentas. El abuso ritual dirigido a escindir la personalidad es la piedra angular del control mental, la clave para subyugar, explotar y silenciar a las víctimas.

La doctora Catherine Gould, reconocida internacionalmente por su trabajo terapéutico con niños víctimas del satanismo, declaró en 1994 en el documental "*In Satan's Name*" de Antony Thomas: *"Sin duda hay banqueros, psicólogos, gente de los medios de comunicación, de los servicios de protección de la infancia y también policías, **porque tienen interés en estar presentes en todos estos círculos socioprofesionales.***

Cuando empecé este trabajo, pensaba que las motivaciones detrás de la pedofilia se limitaban al sexo y al dinero, pero empecé a darme cuenta a lo largo de mis diez años de investigación de que las motivaciones son mucho más siniestras

---

[7] http://mk-polis2.eklablog.com/le-trouble-dissociatif-de-l-identite-tdi-trouble-de-la-personnalite-mu-p634661

aún: se abusa de los niños con fines de adoctrinamiento. El abuso ritual de menores es un protocolo utilizado para moldear a los seres humanos en una secta. Se trata de formatear a niños que han sido tan maltratados, tan sometidos a control mental que se vuelven muy útiles para la secta, a todos los niveles... Creo que el objetivo de todo esto es conseguir el mayor control posible... "

En su libro "*The New Satanists*", Linda Blood (antiguo miembro del Templo de Set y antigua amante del teniente coronel Michael Aquino) relata el testimonio de un tal Bill Carmody, seudónimo de un instructor superior de inteligencia en el FLETC (*Federal Law Enforcement Training Center*): "*Carmody investigó durante algún tiempo las desapariciones de niños que parecían vinculadas a actividades sectarias. Como miembro de un equipo especializado, dirigió una investigación sobre una red que operaba en varios estados del suroeste de Estados Unidos. Carmody pudo infiltrarse en un total de tres sectas criminales satanistas. Al comentar estos cultos, Carmody declaró: "Los cultos más graves son los más ocultos y encubiertos, de hecho estos clanes tienen organizaciones muy sofisticadas, además de disponer de los mejores medios de comunicación, se trata de una red internacional.*"*

Bill Carmody afirma que estos grupos trafican con drogas, armas y seres humanos, así como con pornografía infantil (...) Según él, las sectas criminales mejor organizadas están dirigidas por personas inteligentes y muy instruidas procedentes de las clases altas de la sociedad, donde ocupan puestos importantes en sus comunidades, los llamados puestos respetables. Estos grupos sectarios forman una subcultura muy secreta que forma parte de los bajos fondos en el sentido más amplio. Generalmente están formados por miembros de familias transgeneracionales cuyos lazos de sangre contribuyen a mantener el silencio y el secreto.

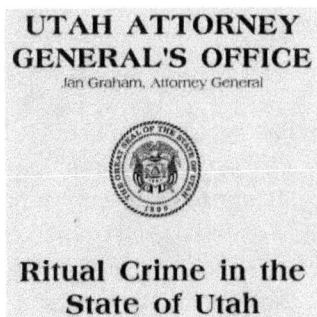

UTAH ATTORNEY GENERAL'S OFFICE

Jan Graham, Attorney General

Ritual Crime in the State of Utah

En 1992, la Oficina del Fiscal General de Utah creó una *Unidad de Delitos de Abusos Ritualistas* junto con la *Unidad de Asistencia a la Fiscalía de Abusos a Menores*. Esta iniciativa gubernamental produjo un informe de 60 páginas [8] titulado *"Delitos rituales en el estado de Utah"*, escrito en 1995 por los investigadores Matt Jacobson y Michael King para la Oficina del Fiscal General. El informe define el delito ritual de la siguiente manera: *"El abuso ritual es una forma brutal de abuso de niños, adolescentes o adultos que implica violencia física, sexual y psicológica con el uso de rituales. El abuso ritual raramente ocurre de forma aislada; implica violencia repetida durante un largo periodo de tiempo. La violencia física es extrema, incluida la tortura, y a veces conduce al asesinato. El abuso sexual es doloroso, sádico y humillante. Por definición, el abuso ritual no es un delito impulsivo, sino maliciosamente pensado (...) En conclusión, los casos de crímenes rituales deben tratarse como cualquier otro caso. Se anima a los investigadores a mantener la mente abierta cuando traten casos relacionados con el ocultismo, las creencias religiosas o la actividad criminal ritual (...) La formación y la educación en relación con las múltiples facetas del abuso ritual son necesarias y deberían ser de gran utilidad para todos los niveles del cuerpo de policía. Los agentes de policía deberían ser instruidos en los elementos básicos de la delincuencia ritual. Esta formación debería incluir los tipos de organizaciones implicadas en actividades ocultas, sus objetivos, así como los símbolos utilizados por sus miembros (...) Esta formación debería incluir información sobre la*

---

[8] http://www.saferchildren.net/print/utahag.pdf

*naturaleza extraña del abuso ritual, así como los problemas
asociados con el trastorno de personalidad múltiple, la amnesia
y los recuerdos reprimidos, la hipnosis, etc.".*

Testimonios

Según numerosos testimonios, todo hace pensar que este "lado
oscuro" de la masonería implica el **"pedosatanismo"**, que
consiste en practicar las peores abominaciones con niños
pequeños. Los rituales sirven de magia sexual a los torturadores,
que someten al niño a traumas extremos a modo *de "iniciación"*:
en otras palabras, para provocarle estados disociativos profundos
y así *"desgarrarle el alma"*, escindiendo su personalidad para
controlarlo por completo. Como hemos visto, los rituales
traumáticos de iniciación destinados a crear estados disociativos
profundos son prácticas psicoespirituales tan antiguas como las
colinas. Estas sectas violentas que abusan ritualmente de los
niños utilizan diversos sistemas de creencias para justificar sus
acciones. Algunas de estas creencias se basan en la idea de que es necesario comprender e integrar el Bien y el Mal para alcanzar *la iluminación espiritual...* **Esto es típicamente gnóstico, y el relativismo masónico borra *en última instancia* cualquier noción del Bien y del Mal.**

Como hemos visto, el trauma modifica la química cerebral y
cambia la percepción de la realidad. Es el fenómeno de la
disociación, utilizado por ciertos grupos de ocultistas para una
experiencia llamada *"Mística"*. **Los luciferinos provocan
deliberadamente estos sufrimientos en el niño como un
proceso de inversión de la santificación, una contrainiciación
destinada a *desbloquear* espiritualmente a la pequeña
víctima: conectarla a otras dimensiones.**

La "G" de la Gnosis, Oscuridad VS Luz

Muchos de los participantes en estas "*bacanales modernas*" han estado inmersos en estos entornos desde la infancia, y ellos mismos están pervertidos y programados desde una edad temprana. Para ellos, los estados disociativos son una verdadera adicción y una forma de supervivencia frente a una realidad que, de otro modo, sería insuperable. El problema es que suelen reproducir las prácticas traumáticas *de iniciación* -en un patrón a lo *Dr. Jekyll & Mr.* Hyde- en sus propios descendientes...

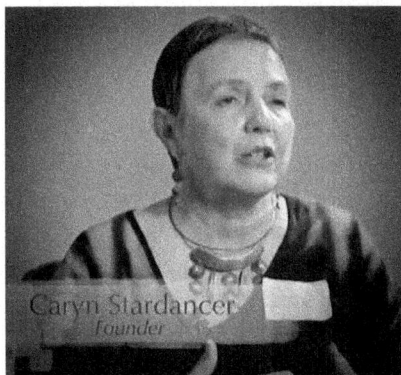

Caryn Stardancer
Founder

Caryn Stardancer es una superviviente de abusos rituales y control mental, así como una activista pionera cofundadora del grupo *Survivorship*, que dirigió durante una década. Este grupo de apoyo e información para víctimas de abusos rituales y terapeutas es un referente en Estados Unidos. En 1998, habló con Wayne Morris en la radio CKLN.FM de la Universidad Politécnica Ryerson de Toronto (Canadá):

"Yo mismo soy un superviviente, los abusos empezaron en los años 40, durante la Segunda Guerra Mundial. Algunas de las primeras cosas que vi implicaban a personas que trabajaban en el ejército haciendo este tipo de experimentos. **También había conexiones masónicas.** *Más o menos cuando empecé a recibir tutoría (dentro de la secta), me* **hablaron del panteísmo ocultista** (politeísmo, adivinación de la naturaleza) *y de lo que significaba exactamente. Hay todo tipo de sistemas bajo los cuales se puede ejercer el control mental. Lo que el Ocultismo Panteísta significaba fundamentalmente era que el sistema de creencias no importa, depende de la adaptabilidad del individuo y cómo reacciona a las luchas de poder.* **A medida que progresas dentro de la secta en función de tu capacidad de adaptación, puede que nunca sepas que existe un grupo mayor, que engloba al que perteneces** *(la muñeca rusa iniciática ultrapartita). Puedes acceder a él en función de tu capacidad para evolucionar dentro del sistema, pero también a través de determinadas relaciones con personas de ese sistema. Por ejemplo,* **las personas que me enseñaron ocultismo panteísta estaban directamente implicadas en lo que se conoce como secta dionisíaca.** *Me explicaron que esto se remontaba a la época precristiana. En*

esencia, lo que hacían era chantaje político. La utilización de niños, entrenados para el sexo, tenía por objeto utilizarlos para fotografiarlos, o filmarlos, con adultos con fines de chantaje (las *trampas de miel* apreciadas por los masones). *Desde que nací en este sistema transgeneracional, siempre ha habido gente que hablaba de la Tradición Oculta, que ellos remontaban directamente al antiguo Dionisismo. Tenían toda una tradición oculta que contenía ciertos hechos históricos que habían llegado hasta su secta. Esta secta dionisíaca me enseñó que una de las primeras leyes aprobadas contra el abuso ritual en Roma, en la época precristiana, se hizo contra estas mismas sectas dionisíacas que seguían activas en los años 40 y 50, ¡y probablemente lo sigan estando hoy! La razón de las leyes contra ellas era que en aquella época se sabía que sus rituales incluían orgías sexuales, flagelación y violación ritual de mujeres y niños. Pero esa no es la razón principal por la que había leyes contra estos cultos, estas leyes se redactaron porque estos grupos practicaban sus crímenes con fines de chantaje político"*. ("Escándalo de las bacanales")

El testimonio de **Maude Julien** relata esta noción de iniciación mediante traumatizando a un niño para acceder a otras dimensiones. En su libro *"Derrière la grille"*, describe cómo su padre, **un rico empresario iniciado en la masonería y sus secretos**, la sometió a un condicionamiento extremo **destinado a convertirla en una "Diosa"** controlada mentalmente, un **robot que obedecía todas sus órdenes**. Maude Julien sufrió un aislamiento social total durante quince años. Encerrada en una camisa de fuerza mental, su mente y su cuerpo fueron entrenados para convertirla *en un ser superior*, una *Elegida*. Su padre la obligaba, por ejemplo, a sostener un cable eléctrico y recibir descargas eléctricas, una forma muy eficaz de crear estados disociativos profundos. **El objetivo del padre era hacerla capaz de** *viajar entre universos* **y** *aprender a comunicarse con los muertos*... Es evidente que este iniciado masón conocía el funcionamiento de la psique humana frente a los traumas y los condicionamientos extremos, y se dedicó a experimentarlo con su hija...

En una entrevista televisada con Thierry Ardisson en 2014, Maude Julien declaró: "*El objetivo de mi padre era, en efecto, convertirme en* un *'superser', tenía una misión capital para mí. Y para ello, tuve que someterme a entrenamiento físico y psicológico para que el espíritu fuera más fuerte que la materia.*"

Maude Julien ha confesado que **sufre amnesia traumática por las cicatrices que tiene en los muslos y el pecho. No sabe qué se las causó...**

-       Thierry Ardisson: *Y luego está el sótano... eso es bastante violento, es decir*, *te despierta en mitad de la noche y te hace sentarte en una silla en un sótano.*

-       Maude Julien: *Siempre para quedarse. Pero el propósito de esta misión capital a la que me dedicó* **era que yo pudiera viajar entre universos, aprender a comunicarme con los muertos...**

-       Thierry Ardisson: *También está la prueba de la electricidad, que es increíble. Te pide que sujetes un cable eléctrico y recibas descargas eléctricas durante diez minutos.*

- Maude Julien: *Cuando hay descargas, no se puede reaccionar.*

- Thierry Ardisson: *A las ocho vas a despertar a tu padre, y luego tienes que sujetarle el orinal mientras orina (...) lo más inquietante son esas cicatrices en los muslos y el pecho, cuyo origen desconoces. ¿Crees que son ritos de iniciación?*

- Maude Julien: **De lo que están seguros los médicos es de que no fueron realizadas por profesionales sanitarios, lo que descarta la teoría del accidente, y me temo que nunca lo sabré...**

¿Son las enseñanzas ocultistas de las altas logias masónicas las que inspiran tales proyectos para crear *"Seres Superiores"*, esclavizados y traumatizados para convertirse en médiums conectados con otras dimensiones? Los traumas extremos provocan estados disociativos profundos que *"desbloquean"* espiritualmente al niño, permitiendo la conexión con otras dimensiones. ¿Existen oscuros rituales masónicos cuyo propósito es iniciar al niño, en otras palabras, crear una "iluminación" en el niño durante la disociación? ¿Hasta dónde puede llegar un iniciado para recibir luz... o para dársela a otro? ¿Iniciar a un niño, por ejemplo? Un niño que ha sido torturado y violado durante rituales se encuentra en un estado de disociación profunda, lo que significa que él mismo se convierte en una puerta abierta a otras dimensiones... En tal estado de trance disociativo, ¿podría el niño ser una especie de puente, un médium que actuase como intermediario para unir el mundo terrestre y el mundo de los espíritus, sirviendo así de herramienta a los peores ocultistas?

Margaret Smith, autora del libro de referencia *"Ritual Abuse: what it is, why it happens and how to help"* (*Abuso ritual: qué es, por qué ocurre y cómo ayudar*), ella misma superviviente de abuso ritual, informa de la presencia de cierta filosofía gnóstica detrás del abuso, así como de la presencia de masones, insignias masónicas o ceremonias de tipo masónico durante el abuso ritual traumático. Margaret Smith publica en su libro algunas estadísticas sobre la masonería y los abusos rituales:

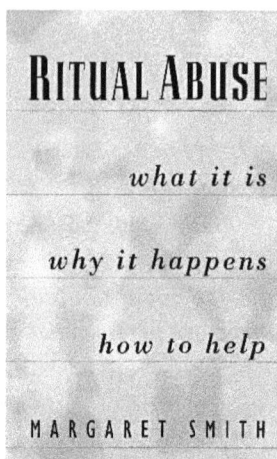

RITUAL ABUSE

what it is

why it happens

how to help

MARGARET SMITH

"En este estudio, los supervivientes también informaron de un vínculo entre la pertenencia del agresor a una sociedad secreta y la práctica de abusos rituales. El 67% de los supervivientes afirmaron que sus agresores eran miembros de sociedades secretas u organizaciones fraternales. El 33% afirmó que los familiares que abusaron de ellos eran masones". (Abuso ritual, Margaret Smith, 1993 HarperSanFrancisco)

El estudio de **Caren** Cook *Understanding Ritual Abuse: A study of thirty-three ritual abuse survivors. Treating Abuse* Today, realizado con 33 víctimas de abusos rituales de 13 estados diferentes, informa de que estos supervivientes mencionaron dos organizaciones principales a las que pertenecían sus agresores: la masonería (27%) y los Caballeros de Colón (9%). Otros grupos mencionados fueron la Orden de la Estrella Oriental, los Shriners y los Rosacruces.

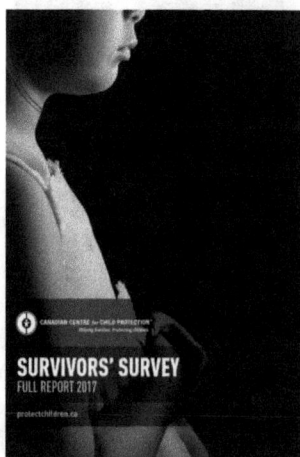

CANADIAN CENTRE for CHILD PROTECTION

SURVIVORS' SURVEY
FULL REPORT 2017

protectchildren.ca

El Centro Canadiense para la Protección de la Infancia, una organización benéfica nacional, señala en su Informe *Completo de la Encuesta a Supervivientes de* 2017 una serie de lugares donde se producen abusos a menores. Entre los lugares nombrados por las víctimas entrevistadas para este estudio, señala en la página 44: *"en la logia masónica a la que todos pertenecían"*.

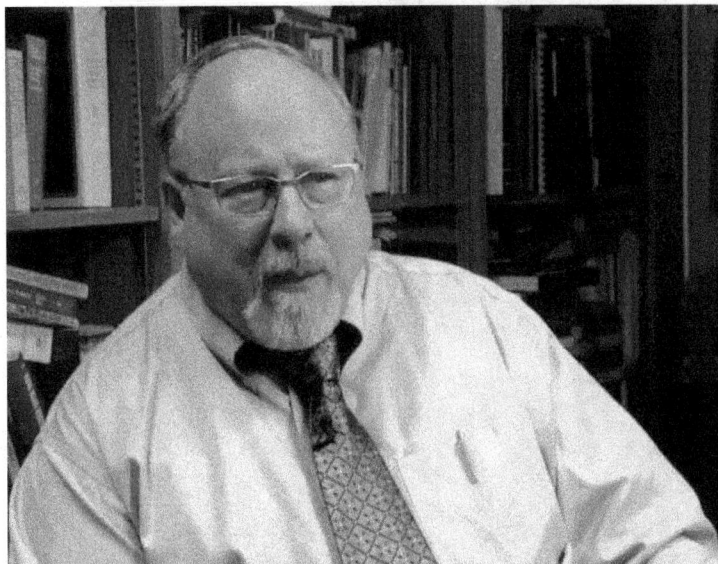

El sociólogo canadiense **Stephen Kent**, especializado en cultos religiosos desviados, ha conocido a muchas personas que han declarado haber sufrido abusos rituales de tipo masónico, en particular los hijos de masones:

"Desde el principio de mi investigación, la gente se presentó con testimonios, algunos de los cuales estaban relacionados con 'abusos' masónicos. Algunas personas afirmaban que su padre había sido masón y que los abusos estaban relacionados con una logia y sus miembros. A veces, la violencia parecía haber tenido lugar dentro de las propias logias masónicas. Estas apariciones de la masonería en un número bastante grande de

*testimonios me dejaron realmente perplejo (...) La masonería no contiene una figura demoníaca como puede encontrarse en el cristianismo con su rígida noción de Dios contra Satanás. Encontré, sin embargo, algunas menciones a Lucifer, pero sobre todo el significado de ciertos rituales de alto nivel, donde Dios aparece como un triple personaje: **JAHBULON***

"Jah" se refiere a Jahweh, "Bul" se refiere a Baal. **Baal es una referencia a los antiguos dioses paganos de la Biblia, del Antiguo Testamento, que exigían sacrificios de niños.** *Un masón corriente hablará del dios Jahbulon sin ser realmente consciente de lo que dice...* **pero es posible que los masones desviados, los que yo llamo "adictos a los rituales", vean en esta figura una combinación del Bien y del Mal, la combinación de un dios superior y un dios que exige sacrificios de niños (.... Sé**

que algunas de las personas que hacían estas acusaciones hablaban de Francmasones del más alto grado (...) Una vez que empecé a estudiar la cuestión masónica, descubrí que había personas en toda Norteamérica que afirmaban haber sufrido abusos rituales por parte de francmasones. Varias organizaciones con sede en Estados Unidos insisten especialmente en que los masones practican abusos rituales. En Canadá, hay una organización cuya líder está absolutamente convencida de ser una superviviente de abusos rituales masónicos. Así que cuando descubrí que los testimonios que estaba recibiendo formaban parte de un contexto norteamericano mucho más amplio, me intrigaron mucho más estas acusaciones particularmente recurrentes (...) Son ciertos grupos "desviados" dentro de la masonería los que más me preocupan. Para mí, es totalmente plausible imaginar a masones desviados inspirándose en algunos de los escritos extremistas de Aleister Crowley, o interpretando al pie de la letra algunas de sus afirmaciones sobre los niños y el sexo, o incluso algunas de sus afirmaciones sobre el sacrificio de niños o adultos, e incorporándolas a sus rituales". (Entrevista con el Dr. Stephen Kent, Wayne Morris, CKLN-FM - Mind Control Series Parte 13)

Stephen Kent también escribió: *"Vale la pena mencionar que los masones a menudo están dispuestos a alquilar sus logias a individuos u organizaciones apropiadas, y que pocas preguntas, si alguna, se le harían a un 'Hermano' que utilizara las instalaciones (con unos pocos 'asociados') de vez en cuando... Rituales satánicos podrían tener lugar en logias masónicas (como algunos supervivientes afirman en sus testimonios) sin que los miembros respetables supieran nada de ello allí."* (*Deviant Scripturalism and Ritual Satanic Abuse Part Two : Possible Masonic, Mormon, Magick, and Pagan Influences* - Stephen Kent, 1993)

Como se afirma en la introducción del documento, **el estricto secretismo y la compartimentación de la masonería constituyen un peligro para ella misma**, ya que le resulta imposible certificar que tales prácticas ocultas y delictivas no impliquen a algunos de sus miembros...

La superviviente estadounidense Svali relató: "*Durante trece años, los abusos tuvieron lugar a veces en una logia masónica de Alexandria, Virginia. Algunos de mis abusadores eran masones, aunque la mayoría de los miembros de esta logia ignoraban que algunos de ellos la utilizaban para este fin.*" (*Sectas que abusan* - Svali, 18/04/2000)

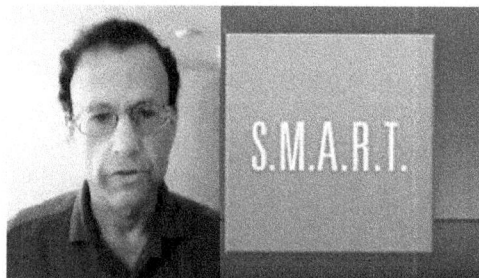

Neil Brick, él mismo superviviente y fundador del grupo estadounidense S.M.A.R.T. (dedicado a difundir información sobre el abuso ritual y el control mental), declaró:

MASONERÍA Y ESQUIZOFRENIA - Comprender los misterios del poder

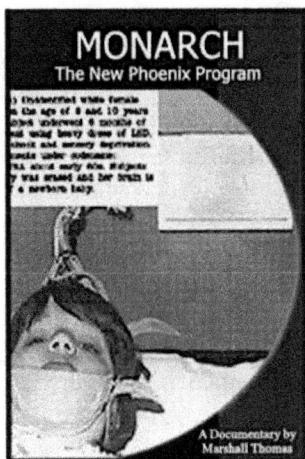

"*Creo que la masonería es una de las mayores organizaciones responsables de abusos rituales satánicos en el mundo. Su conexión llega hasta el gobierno (federal y local), así como a algunas de las instituciones económicas del país... Yo nací en la masonería*". ("Surviving Masonic Ritual Abuse" - Neil Brick, revista *Beyond Survival* 07/1996)

He aquí un extracto del libro de Marshall Thomas "*Monarch, The New Phoenix Program*", que vincula la masonería con el abuso ritual/control mental:

La gran mayoría de los masones se unen y se someten a rituales que parecen no tener sentido; sólo cuando se entra en los niveles más altos, el círculo dentro del círculo si se quiere, se revela el conocimiento secreto de lo que realmente son esta organización y sus rituales. Este conocimiento se comunica a unos pocos elegidos que alcanzan los 32° y más allá. Lo que son estos ritos y esta organización aún está por demostrar. La masonería es uno de los hilos conductores más importantes que unen a las víctimas de abusos rituales. Estas víctimas de traumas rituales a menudo se sometieron a experimentos del tipo MK-Ultra[9] en la infancia. Miles de personas de diferentes partes del país, que nunca han estado en contacto entre sí, cuentan todas a grandes rasgos la misma historia: que fueron obligadas a participar en abusos rituales, incluidas violaciones de niños y sacrificios rituales. La coherencia de estas historias, los vínculos entre abusos rituales y MK-Ultra, parecen en principio ficción, pero los testimonios de las víctimas son muy consistentes y la implicación de masones de alto grado en estas prácticas se ha repetido muchas veces. Muchas de las personalidades implicadas en los experimentos MK-Ultra eran Altos

---

[9] http://mk-polis2.eklablog.com/mk-ultra-p634125

Francmasones, como el Dr. Sidney Gottlieb, George Estabrooks, Ewen Cameron y otros miembros de la comunidad de inteligencia. Los masones han sido acusados de muchas cosas a lo largo de los años, pero es probable que la masonería fuera infiltrada por miembros de la CIA, vinculados al MK-Ultra, en un esfuerzo por controlar este sistema cerrado y obtener acceso a los sujetos de experimentación. El programa MK-Ultra se trasladó de los laboratorios a estos sistemas cerrados de diversos tipos que podían ser manipulados y utilizados para proporcionar un gran número de niños para experimentos de control mental y operaciones de chantaje sin implicar directamente a la CIA." (implícito: las redes masónicas albergarían a niños fraccionados/disociados por rituales traumáticos)

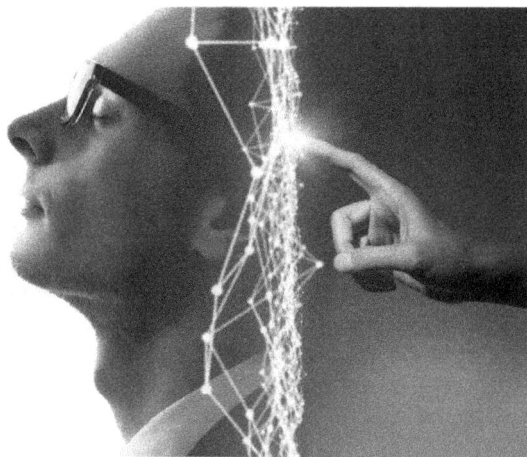

La superviviente estadounidense del programa **MK-Ultra, Claudia Mullen**, que testificó en 1995 ante la Comisión Asesora Presidencial sobre Experimentos que Implican la Irradiación de Seres Humanos (como parte de la programación mental), **informó a de que había asistido a fiestas en logias masónicas cuando era niña**. Según ella, los *médicos* que trabajaron con ella

como parte del programa MK-Ultra la enviaron a los masones con el objetivo específico de **reforzar sus estados disociativos** debido al trauma extremo al que la estaban sometiendo.

Describe orgías pedocriminales dentro de la propia Logia:

"Conocían mis capacidades disociativas desde el principio y las explotaron al máximo. Porque cuanto más te separas/disocias, más fácil les resulta ocultar lo que hacen. Crearon las circunstancias traumáticas necesarias para la disociación, en particular enviándome a una logia masónica para una "fiesta". Me enviaron allí sabiendo que me iba a pasar algo horrible... Sabían entonces que iba a escindirme/disociarme... Lo primero que recordé fue incesto, cosas incestuosas en casa... Luego poco a poco empecé a recordar los rituales... Fui a dos "fiestas" masónicas en una logia. Esta gente se vuelve loca en estas fiestas, se emborrachan... Te hacen dar vueltas... Es horrible lo que hacen... Te hacen hacer cosas sexuales, pero también te hacen ver a otras personas haciéndolo. Cualquier cosa que puedas imaginar, incluso con animales... y tenías que verlo... Es tan traumático como pasarlo tú mismo. Eres un niño y tienes que ver cómo torturan o violan a un niño de la mitad de tu edad, etc. ....

Es tan traumático como pasar por ello tú mismo. Entonces te dan a elegir: puedes ocupar su lugar... Tienes que decidir si serás tú o ella... y si decides que no, tienes que vivir con la culpa de que le haya pasado a la otra persona porque tú lo decidiste. De cualquier manera, te tienen... En general estás jodido, no hay forma de salir de este tipo de situaciones". (Entrevista con Claudia Mullen, Wayne Morris, CKLN-FM - Mind Control Series Parte 7)

La australiana **Kristin Constance** ha declarado públicamente que fue víctima de abusos rituales y control mental. Sus verdugos no eran otros que sus propios abuelos, fundadores de una logia masónica femenina *de la Orden de la Estrella Oriental*. Esto es lo que dijo en una conferencia organizada por el grupo S.M.A.R.T. en 2011:

"Mi abuelo era masón del grado 33 y pertenecía a varias logias. Él y mi abuela habían fundado una logia de la Orden de la Estrella Oriental en los suburbios de Sydney. Estuve en terapia durante 20 años... La parte más difícil de mi recuperación fue curarme de una programación mental basada en los colores y en explotar el lado izquierdo o derecho de mi cuerpo. Esta programación me hacía disociarme regularmente (...) Mi primer psiquiatra me diagnosticó un trastorno límite de la personalidad. Pero rápidamente corrigió el diagnóstico a Trastorno de Identidad Disociativo (D.I.D.) cuando empezaron a surgir personalidades alteradas (...) Mi hermana, 7 años mayor que yo, también recuerda haber sufrido abusos rituales. Un día, cuando tenía 26 años, me preguntó si recordaba las cámaras subterráneas, y le dije que sí... Luego me preguntó si recordaba a niños gritando, a lo que respondí que no, pero que sabía que estaban al lado, en otras habitaciones (...) Hace 17 años, cuando me enfrenté a mi madre y a mi padre por los abusos

rituales, mi madre respondió que ella no estaba implicada en ellos, pero me dio la maleta con toda la parafernalia masónica de mi abuelo. Se disculpó por no haber sido una buena madre conmigo. Creo que es la única respuesta que obtendré de ella sobre el abuso ritual. Esa maleta me confirmó muchas cosas. Había papeles con contraseñas, signos de manos e información sobre rituales masónicos. También estaban los delantales, las joyas y las medallas que mi abuelo y mi abuela llevaban a las reuniones (...)

Recuerdo que me metieron en jaulas, recuerdo descargas eléctricas, escarificaciones, violaciones, fotos tomadas, drogas, hipnosis, privación de comida/luz/oxígeno/sueño. También me encerraron en un ataúd con arañas. Participé en rituales tanto en el interior como en la naturaleza. Me ataron a altares. Participé en simulacros de muerte y renacimiento. Recuerdo trampillas subterráneas en los pasillos y que me despertaron innumerables veces en mitad de la noche para llevarme a los rituales. Me acuchillaban, perforaban y pinchaban para que mi sangre se utilizara en los rituales (...) *La programación cromática a la que me sometí tenía lugar en cámaras subterráneas. Cada habitación tenía un color diferente, que correspondía a una programación diferente. Los colores parecían corresponder a los de la Estrella de Oriente: azul, amarillo, blanco, verde, rojo y negro para el centro. La sala roja tenía una luz roja, una camilla, una mesa llena de instrumentos de tortura y equipos de electrochoque. En esta sala, el lado derecho de mi cuerpo estaba cubierto mientras que el izquierdo era sometido a tortura eléctrica. Me colocaron electrodos en las articulaciones, causándome un dolor paralizante que todavía siento. Me susurraban cosas en el oído izquierdo y me aplicaban descargas eléctricas en la sien (...) En la habitación azul había* *una luz azul, una camilla, equipos de electrochoque, cubos y un lavabo. El lado izquierdo de mi cuerpo estaba cubierto, y era el lado derecho el que recibía las descargas eléctricas. Aquí me aplicaron las descargas en los músculos (...) Rojo trata de la esclavitud sexual y los rituales de sangre. No sé si todas las personas programadas por los masones reciben este tipo de protocolo basado en los colores. Sospecho que, según el tipo de personalidad, se acentuarán y trabajarán más unos colores que otros. Quizás las fechas de nacimiento influyan en los colores elegidos. No entiendo lo que intentan hacer o crear... Realmente me pregunto cuál es la directriz detrás de todo esto".* (Kristin Constance - *Presuntos abusos rituales por parte de masones y de la Orden de la Estrella Oriental en Australia* - S.M.A.R.T. 2011)

El Trastorno de Identidad Disociativo (T.I.D.), o desdoblamiento de la personalidad en múltiples alteraciones, es provocado deliberadamente por rituales traumáticos cuyo objetivo es el control mental. Según el *Manual Diagnóstico y Estadístico de los Trastornos Mentales* (DSM), el D.I.D. implica *"la presencia de dos o más identidades distintas o 'estados de personalidad' que toman alternativamente el control de la conducta del sujeto, acompañada de una incapacidad para evocar recuerdos personales".* La causa es casi siempre un trauma infantil importante. Los pacientes suelen presentar amnesia disociativa, también conocida como **amnesia traumática**. Un examen más detallado de la E.D.I. muestra que las funciones disociativas y amnésicas naturales de la mente humana pueden aprovecharse para manipular y explotar al individuo. **Se trata de una verdadera ciencia psiquiátrica paralela, que en las manos equivocadas se convierte en una ciencia traumática y en un arma de control mental indetectable.** Si este trastorno de doble personalidad, con sus muros amnésicos, no se enseña -o sólo en contadas ocasiones- en las facultades de medicina, y si es sistemáticamente controvertido y desacreditado por una élite de *expertos*, es por la sencilla razón de que es el eje principal del control mental practicado por ciertas organizaciones ocultistas dominantes.

La psicoterapeuta alemana **Michaela Huber** describe los métodos de programación mental utilizados en niños disociados por traumas extremos repetidos: *"Descubrimos que muchos agresores llegaban al extremo de torturar a los niños, utilizando métodos como el hambre, la sed, el confinamiento, el dolor extremo con descargas eléctricas y agujas clavadas por todas partes. No quiero entrar en detalles. Un colega dijo una vez que estos grupos practican el "terror físico sin límites", es decir, la tortura. El objetivo concreto es dividir a los niños. El niño entra entonces en un estado disociativo. Esto se aprecia rápidamente cuando los ojos del niño se vuelven vidriosos, se cierran o se pierden en el vacío... El dolor desaparece y el niño se paraliza y se relaja. Así es como estos criminales crean ciertas alter personalidades (T.D.I.)".* (*Wir sind die Nicki(s)* - ze.tt, 2020)

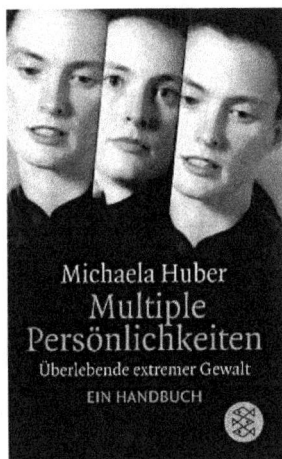

Michaela Huber
Multiple
Persönlichkeiten
Überlebende extremer Gewalt
EIN HANDBUCH

En uno de sus libros, Michaela Huber define así el control mental basado en el trauma: *"La programación en el contexto del trauma es un proceso que puede describirse como aprendizaje bajo tortura. La metáfora 'programación' es sin duda de origen informático y en este contexto representa lo que los psicólogos llaman condicionamiento. Esto significa que la persona que ha sido "programada" debe reaccionar de una manera estereotipada ante determinados estímulos. En este caso, la reacción de la persona ante un estímulo es automática, por lo que no se trata ni de un reflejo natural ni de una reacción consciente y voluntaria. Para lograr sus fines, el programador, al que llamaré torturador, se valió del hecho de que su víctima era un niño pequeño, preferiblemente ya disociado, con doble personalidad, para llevar a cabo el proceso de aprendizaje torturándolo. La tortura puede incluir abusos físicos, sexuales y emocionales, y a menudo se amenaza de muerte a la víctima si no obedece. Una vez que la víctima ha sido programada, es posible controlarla utilizando los estímulos que se le han "implantado""*. ("Multiple Persönlichkeit, Überlebende extremer Gewalt", Ein Handbuch - Fischer)

En 2009, **el Dr. Lowell Routley** describió este tipo de control mental en una conferencia celebrada en Ginebra en el congreso internacional anual de la *ICSA (International Cultic Studies Association)*. He aquí un extracto de la introducción: *"Estos supervivientes aprendieron a disociarse a una edad muy temprana a través de ciertas prácticas transgeneracionales transmitidas dentro de las familias. El uso de la socialización traumática está diseñado para compartimentar la mente del niño, mantener el secreto y conservar el statu quo. Se sabe que la asfixia, la privación, el aislamiento y el dolor disocian al niño, garantizan la conformidad del comportamiento, suprimen la autonomía y la identidad, crean amnesia sobre las actividades anormales y una lealtad incuestionable (...) el*

terror mantiene y refuerza la compartimentación disociativa. El grado de disociación que se produce en la mente de la víctima viene determinado por la edad a la que se produjo esta socialización traumática, su frecuencia y su intensidad". (*Restoring The Lost Self: Finding Answers to Healing from Traumatic Socialization and Mind Control in Twenty-first Century Neurocognitive* Research)

La canadiense **Lynn Moss-Sharman**, superviviente y fundadora de la asociación y periódico del mismo nombre "*The Stone Angels*", portavoz de ACHES-MC Canadá (*Advocacy Committee for Human Experimentation Survivors & Mind-Control*), declaró en una entrevista con Wayne Morris en 1998 que **la masonería es un denominador común en los testimonios de abusos rituales y control mental**: *"Nos dimos cuenta de que un gran porcentaje de las víctimas también habían estado implicadas en abusos rituales masónicos. Sus padres o abuelos eran masones o Shriners (Rito Escocés) en diferentes partes del país. Empezamos a examinar esto mucho más de cerca porque parecía haber un denominador común. Se habían celebrado audiencias en Washington en 1995 y los supervivientes de los experimentos de control mental infantil prestaron declaración, por lo que se convirtió en un registro público. Entonces pudimos presentar públicamente información sobre las prácticas de control mental que habían descrito algunos supervivientes...*

Se empezó a establecer la conexión con el ejército y, una vez más, la masonería era un denominador común. Las investigaciones del Dr. Stephen Kent, sociólogo de la Universidad de Alberta que estudia las prácticas ocultas y las religiones desviadas, han demostrado que la masonería parece ser la sociedad secreta que aparece una y otra vez cuando estas actividades ocultas salen a la luz en los

testimonios de las víctimas o de los investigadores. Propusimos esta información sobre la masonería, y pagamos por ello de muchas maneras (...) Hubo conversaciones al respecto que tuvieron lugar en reuniones, el miedo era sobre esta conexión masónica. Puse unos pequeños anuncios en el 'Globe & Mail' sobre esto, así como anunciando próximas conferencias. Estas pocas palabras sobre la conexión masónica generaron llamadas telefónicas y cartas de víctimas de todo Canadá. **Personas que se describían a sí mismas como supervivientes de abusos rituales masónicos, que aún vivían aterrorizadas. Siempre eran hijas de masones del Rito Escocés, hijas de Shriners. Desde los cuatro rincones de Canadá, estas personas comenzaron a testificar sobre recuerdos de lo que podría describirse como experimentación de control mental.** *Esto comenzó a manifestarse en noviembre de 1994. Cuando la conferencia de Thunder Bay atrajo la atención de los medios de comunicación -de hecho hubo mucha cobertura mediática del evento- el Primer Ministro Bob Rae recibió faxes de masones de toda la provincia quejándose de lo que Los Ángeles de Piedra estaban haciendo en Thunder Bay (...) hubo una protesta pública de los masones porque no se les permitía asistir a nuestras conferencias...*
(Entrevista con Lynn Moss Sharman, Wayne Morris, CKLN-FM - Mind Control Series Parte 16)

La siguiente información procede de un resumen de la disertación de **Ann-Marie Germain** *"Ritual Abuse, Its Effects and the Process of Recovery Using Self Help Methods and Resources and Focusing on the Spiritual Aspect of Damage and Recovery"*, presentada el 30 de marzo de 1993 en la Southern Illinois University de Carbondale (EE.UU.): ***"Mi padre era masón de grado 32 y shriner.*** *La mayor parte de las conversaciones que mantuvimos él y yo de adultos tuvieron lugar entre 1974 y 1977; he aquí un extracto:*

Él (el padre): *En los templos se hacen cosas que no se pueden hacer en una logia.*

Yo (Ann-Marie): *¿Qué tiene de malo? ¿Qué tipo de cosas?*

Él: *No puedo decírtelo... Hacen cosas malas y todo se mantiene en secreto.*

Yo: *¿Qué pasa, papá?*

Lo siento, Ann... Lo siento mucho. No lo sabía. No tenía ni idea. No sabía lo malo que era.

Yo: *¿Perdón por qué?*

Él: *¿De verdad no te acuerdas? ¿No?*

Yo: *Bueno, no sé qué decir, porque no sé de qué estás hablando...*

Más tarde :

Él*: Necesito que me perdones...*

Yo: *¿Por qué?*

Él (con lágrimas en los ojos)*: No puedo decirte...*

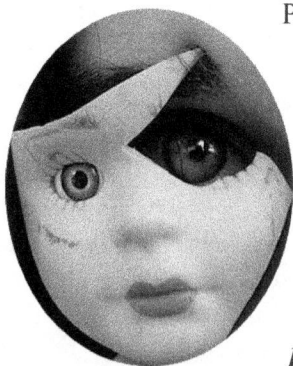

Podemos pensar que el padre, que juró guardar el secreto masónico, no podía revelar estas cosas para enmendarlas, hasta que su hija misma hubiera tomado conciencia de ellas accediendo a sus recuerdos traumáticos (amnésicos). Ann-Marie Germain relató algunos de los recuerdos traumáticos que le vinieron a la memoria: "*El año pasado, durante un tratamiento médico por la inflamación de mi ojo derecho, me vino un recuerdo en el que mis agresores me pinchaban en el ojo y me decían que me lo habían sacado y que*

no me lo volverían a poner hasta que jurara obediencia perpetua al 'Dios Pene' (adoración fálica). *Ya había visto desaparecer globos oculares y sabía que no bromeaban... así que lo prometí".* Ann-Marie Germain también describió un recuerdo traumático de estar en el fondo de una tumba cuando era niña... o un ritual que incluía cánticos, túnicas con capucha, incienso y antorchas.

El testimonio de **Lynn Brunet** es especialmente interesante porque pone el dedo en la llaga de la **doble personalidad de los abusadores** que practican rituales traumáticos y control mental sobre los niños. **Su padre, masón y rosacruz, abusó de ella cuando era muy pequeña.** He aquí algunos extractos de su testimonio: *"Con el paso de los años, recordé los abusos sexuales de mi padre cuando era niña (...) También descubrí que los abusos sexuales y el incesto se entretejían en la historia familiar a lo largo de al menos tres generaciones (...).(...) Desde fuera, mi familia parecía bastante normal, pero el peso acumulado de esta historia familiar, llena de traumas y tensiones, era una pesada carga que cada generación debía soportar (...) En los últimos años, a medida que se resolvían los enigmas de mi propia experiencia, intenté hablar con ellos sobre lo que recordaba. Afortunadamente para mí, mi madre pudo recordar la noche en que mi padre me violó a los cuatro años y validar así las declaraciones de su hija. Sin embargo, el abuso ritual escapaba a su comprensión, lo cual es comprensible en muchos sentidos. A mediados de 2004, mi padre empezó a desarrollar la enfermedad de Alzheimer. Durante el periodo inicial del trastorno, en un estado alterado de conciencia, empezó a hablarme del lado más oscuro de su participación masónica.*

Me confesó que conocía en la existencia de ciertos grupos que utilizaban rituales masónicos en contextos violentos para iniciar a niños. Me dijo: "Hay muchos de estos grupos, mucha gente los conoce, pero no hablan de ello porque es vergonzoso". Sus conversaciones conmigo alternaban con otras coherentes en las que me hablaba de su relación con otros hombres de estos grupos. A veces, por la noche, conseguía salir de la residencia de ancianos y se ponía a trepar a los árboles como un soldado en misión de, según él, observar las actividades de la secta para "sacar a los niños de la secta". Esta "misión estratégica" duraba quince días, hasta que creía haber recuperado a todos los niños. Después parecía estar muy satisfecho con lo que había conseguido y se calmaron todos los signos de su agitación interior (...) *Los recuerdos relativos a las actividades masónicas irregulares eran claramente atribuibles a cierta parte de su psique que normalmente no es accesible a la conciencia* y quizás en aquel momento se habían entrelazado con sus experiencias de guerra. Es posible que al plantear esta cuestión yo hubiera sumido a mi padre en un conflicto interior, ya que su pérdida de memoria había comenzado justo después de mi confrontación con él. Sin embargo, su breve período de sinceridad conmigo contribuyó sin duda a un proceso de curación mutua. Esta confesión, combinada con el conocimiento de la Orden Masónica que he podido adquirir, ha desviado mi atención de la ira contra el propio hombre. *Ahora me veo llevado a comprender los principios que subyacen a estas prácticas 'mágicas' ancestrales, que dividen la psique de estos hombres en dos: por un lado, ciudadanos y hombres dedicados,*

y por otro, la más pueril, absurda y cruel de las criaturas humanas". (Terror, trauma y el ojo en el triángulo - Lynn Brunet, 2007) - **Dr. Jekyll & Mr Hyde -**

La psique dividida en dos o el **camino del camaleón**, el animal que cambia de color según su entorno. Esto está relacionado con **el fenómeno de**

la personalidad múltiple, en el que el individuo es capaz de adaptarse a diferentes situaciones con diferentes alter personalidades. La fachada pública y benévola desconoce (separada por muros amnésicos) las actividades ocultas de las personalidades alteras que se asientan en las profundidades del sistema interno.

Los supervivientes del control mental a menudo informan de que sus familias (normalmente de alta posición social) llevan una vida pública perfectamente normal y respetable, y que el padre de la familia tiene una imagen pública particularmente adorable, mientras que al mismo tiempo dormita en su interior una personalidad que no podría ser más sádica o criminal...

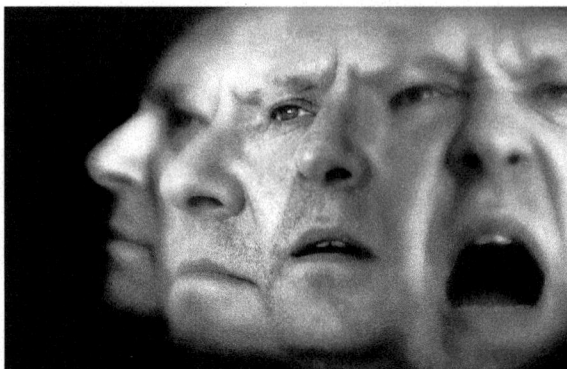

Es el caso de **Cisco Wheeler**, colaboradora de Fritz Springmeier, cuyo padre -masón de grado 33- tenía una imagen exterior resplandeciente, amaba a su familia y hacía un buen trabajo en el ejército. Pero en privado, su padre resultó ser un temible torturador que practicaba la programación mental mediante traumas a sus propios vástagos... Según ella, él mismo fue *"programado múltiple"*, lo que significa que había sufrido traumas extremos de niño, provocados deliberadamente para dividir su personalidad: *"Desde mi más tierna infancia, fui entrenado para servir como esclavo sexual a la llamada 'élite' de la vida política (...)* Mi padre era un genio, pero también era un genio.(...) *Mi padre era un genio en todos los sentidos, tenía un lado amable (...) Era satanista y músico. Trabajó para la CIA y era masón de grado 33. Por cierto, ¡aún hay muchos grados por encima de ese! Fue prisionero, como yo...*

En el fondo, hubo un momento en su vida en el que realmente sabía lo que hacía. Por fuera, mi padre era muy bueno. Quería a su familia, hacía un buen trabajo en el ejército, quería a la gente y la gente le quería a él. Pero creo que hubo un punto de inflexión en su vida cuando tomó conciencia de quién era y de lo que realmente hacía en secreto. Ciertas barreras internas se derrumbaron, hasta el punto de que por fin se dio cuenta... Pero creo que pensaba que estaba completamente fuera de su alcance. Cambiar de dirección le habría costado la vida. Había ido demasiado lejos..." (Entrevista con Cisco Wheeler, Wayne Morris, CKLN-FM - Mind Control Series Parte 22)

Kathleen Sullivan, superviviente de abusos rituales y control mental, describe en su autobiografía los cambios radicales de personalidad (estados disociativos) que experimentaron sus padres cuando maltrataban a su hija: *"Cada vez, utilizaba una*

sábana blanca de para colgarme de una viga. **Cuando hacía eso, su voz se convertía en la de una niña pequeña.** *Parecía recrear lo que alguien le había hecho cuando era niña.* **Luego, extrañamente, su voz se convirtió en la de una persona mayor que decía cosas horribles sobre mí** *(...) En varias ocasiones, también me encerró en una caja de madera en el* sótano. *A veces me pasaba horas encerrada con dolor en esa estrecha caja. Cuando bajaba a buscarme, me "rescataba" de la caja y me preguntaba cómo había llegado allí.* **No parecía acordarse y yo no podía decirle que ella era la responsable** *(...)* *Papá, que era ingeniero eléctrico, utilizaba algunas de sus herramientas eléctricas para torturarme en el sótano.* **En esos momentos, su voz y sus expresiones faciales cambiaban. Sonreía de forma extraña y subía la voz media octava.** *A pesar de que me hacía mucho daño, yo le protegía, porque ya no era un adulto. En cada una de estas situaciones traumáticas,* **el factor revelador fue que mis padres se convirtieron en extraños amnésicos. Hacían cosas que luego parecían no recordar. Por eso creo que mis padres tenían personalidades alteradas que cometían actos de los que no eran plenamente conscientes".**

(Unshackled: A Survivor's Story of Mind Control - Kathleen Sullivan, 2013)

En una entrevista con Jeff Wells publicada en 2005, Kathleen Sullivan, que fue explotada sexualmente, afirma: *"Conozco a varios políticos que, en privado, **hicieron una regresión a alter personalidades infantiles** (...) En ese momento, su vocabulario se volvió más simplista y utilizaron un pensamiento más concreto que abstracto. Su voz y su rostro también se rejuvenecen. No me gustaba cuando cambiaban así, porque estos niños alter eran brutales y sádicos. Eran más propensos a perder el control de sí mismos y a hacerme cosas especialmente horribles. En esos momentos, se olvidaban de quién era yo y me trataban como si fuera una mujer de sus vidas pasadas a la que odiaban"*.

Estas declaraciones corroboran los testimonios de algunas prostitutas de lujo recogidos en el libro de Sam Janus *"A sexual profile of men in power"*. Este estudio se basa en más de setecientas horas de entrevistas con prostitutas de lujo de la costa este de Estados Unidos, **cuyos clientes eran destacados representantes del mundo de la política, los negocios, el derecho y la justicia.** La mayoría de ellos eran adeptos a una *"sexualidad altamente perversa"* de tipo sadomasoquista y escatófilo. **Según las prostitutas entrevistadas, muchos de estos hombres extremadamente influyentes y ambiciosos retrocedían literalmente a una etapa infantil tras las sesiones.**

Por ejemplo, querían ser abrazados, amamantados y tratados como bebés... (*"Por una psicología del futuro"* - Stanislav Grof, 2009)

La superviviente **Bryce Taylor**, autora del libro *"Thanks for the Memories"* (*Gracias por los recuerdos*), cuenta que el padre que la maltrató también tenía una personalidad frontal totalmente insospechada. Exteriormente, se comportaba como un hombre encantador, pero nadie habría sospechado lo que podía hacer en privado, las torturas que infligía a sus hijos para separarlos y programarlos. **Él mismo sufría graves trastornos disociativos**: *"Creo que mi padre se convirtió en un 'programador múltiple' como resultado de los horribles rituales satánicos a los que fue sometido. **Pero no creo que fuera consciente de lo que hacía cuando me programaba, ya que no todas las partes (alter) eran conscientes de la totalidad de sus actos.** Sé que tenía personalidad múltiple... Le he visto cambiar entre personalidades infantiles y todo tipo de entidades a lo largo de los años"*. (Entrevista con Brice Taylor, Wayne Morris, CKLN-FM - Mind Control Series Parte 23)

La psicóloga **clínica Ellen Lacter**, residente en San Diego (California), declaró en 2008: *"He oído historias increíbles sobre la masonería, parece que en las logias masónicas se producen muchos abusos horribles. Obviamente, hay muchas personas* *poderosas relacionadas con la masonería y creo que muchos de los abusos rituales se producen en las propias logias. Ahora bien, no estoy diciendo que todos los masones practiquen estos horrores, no lo creo. De hecho, no tengo forma de saber si los abusos rituales que ocurren en las logias masónicas forman parte de alguna manera de la propia estructura de la masonería, o si son el resultado de individuos que utilizan esta estructura para sus propios fines.*

El hecho es que muchas víctimas, en mi opinión muy creíbles, afirman que sus agresores eran destacados masones."

En agosto de 2007, **Samantha** Cooper dio testimonio público en la décima reunión anual del grupo S.M.A.R.T. Esta superviviente de abusos rituales domésticos y control mental ha sido diagnosticada de trastorno de identidad disociativo. He aquí algunos extractos de su testimonio:

*"**Mi abuelo paterno, mi bisabuelo, mi padre y mi tío eran masones de alto grado.** Mis recuerdos de experiencias sectarias se centran en estas personas. Mi hermano, mi hermana y yo participamos en rituales sectarios. **Había incesto con los padres, pero los parientes cercanos también eran agresores, y también había pornografía infantil.** El comportamiento de mi madre era totalmente errático, y era extremadamente difícil vivir con ella porque su psicología era muy inestable e impredecible. Mi padre estaba fuera de casa la mayor parte del tiempo. Cuando estaba*

presente, su comportamiento fluctuaba de una actitud muy enérgica y atenta a otra de retraimiento, distanciamiento y silencio, como si ya no fuera consciente de las cosas que le rodeaban (...) Creo que los protocolos de control mental comenzaron cuando yo tenía unos cinco años. Creo que pagaron a mis padres para que nos sometieran a esos programas a mi hermana y a mí, que ya estábamos disociadas (...)

*Los sentimientos de miedo y vergüenza que van unidos a los recuerdos y a las amenazas infligidas a la niña que fui, son elementos muy disuasorios que me hicieron enterrar aún más esos recuerdos en mí misma. Había afirmaciones como **"Nadie te creerá"** o **"Parecerás una loca y te encerrarán para siempre"**; **"Sabes que controlamos este lugar"**, etc. Otra amenaza era que si volvía a hacer algo, me encerrarían. Otra amenaza era que si alguna vez hablaba de ello o lo recordaba, "me rompería **en mil pedazos y nadie podría volver a recomponerme"**, un argumento convincente para un niño ya internamente polifragmentado por el trauma (...) El miedo me fue inculcado primero por mis padres, luego reforzado por mis experiencias traumáticas en la secta, y finalmente refinado y regulado por los programadores y su control mental. Se aprovechan de la falta de comprensión y conocimiento de un niño para manipularlo y explotarlo (...) **Sencillamente no tenía ningún sentimiento, ni recuerdo, de***

haber sido niño (...) La única manera que conozco de gestionar la disociación y curarme de los traumas infantiles es procesar los recuerdos traumáticos para que se conviertan en recuerdos normales con una cronología aproximada. Construyo puentes entre mi pasado infantil y mi presente adulto .

En Inglaterra, tenemos el testimonio de **Aria** sobre la implicación de miembros de la policía británica en abusos sexuales infantiles organizados. En Londres, en la década de 1990, **Aria relata que su padre la obligaba a participar en ceremonias en logias masónicas, donde era sometida a abusos rituales junto con otros niños.** Aria habla de varios lugares donde se produjeron los abusos, entre ellos una tienda en Brighton y un piso encima de la zapatería *Russel & Bromley* en Richmond, Londres. Su padre y su tío, ambos masones, participaban activamente en rituales específicamente diseñados para traumatizar / fragmentar a los niños e impedirles hablar. La superviviente Aria también habla en su testimonio del asesinato ritual de un animal y, según ella, de un niño. Describe algunas de las técnicas utilizadas por estos grupos ocultistas para traumatizar y controlar a sus jóvenes víctimas:

"Recuerdo muchos abusos extraños en estas reuniones, que eran como fiestas para ellos.... Esto fue antes de que yo tuviera 12 años (...) Algo más ocurrió con este grupo masónico, en otro lugar al que recuerdo que me llevaron una noche con otros niños. Allí había una piscina. Allí me sometieron a un ejercicio de ahogamiento. Me tiraron a la piscina, me ataron, y mi padre vino a "salvarme" para poder establecerse como "persona de confianza" aunque él era responsable del abuso (...) **Sólo recuerdo hundirme en el fondo del agua y entrar en un estado de intemporalidad. Estaba allí, era como una eternidad. La noción del tiempo estaba distorsionada, sólo recuerdo que en un momento dado... tuve que elegir entre seguir viva o morir. Pero parecía muy tranquilo en el otro lado, todo parecía mucho más pacífico que la existencia en esta tierra** (...) También recuerdo que mi padre me llevó a prostituirme. Había muchos niños y niñas desnudos. Les ponían correas de perro en el cuello y los llevaban a unas habitaciones asquerosas donde la gente, los enfermos, venían a pagar... Estaba encima de la zapatería Russell & Bromley, en Richmond. Tenía la impresión de que mi padre me utilizaba para ganar dinero, y había otros padres que llevaban allí a sus hijos por las mismas razones. Creo que están enfermos y no tienen empatía. Están centrados en el dinero y el*

poder. La razón más profunda es que probablemente pasaron por el mismo condicionamiento cuando eran niños, sufrieron tantos abusos que no recuerdan esas horribles sensaciones. Así que no hacen más que repetir el abuso a la siguiente generación. Creo que se han desprendido completamente de la sensación de ser un niño pequeño. Se han identificado totalmente como abusadores (...) También abusaron de mí en la logia masónica de Brighton (...)

Había una en Surbiton, otra en Brighton y la gran logia del centro de Londres, donde tengo otro recuerdo extremo. Está justo en el centro de la ciudad, creo que es la logia principal de Londres. Había una ceremonia en curso, en su mayoría niños pequeños y yo. Todos llevaban sus estúpidos trajes masónicos. Durante esta ceremonia con el consumo de sangre, un animal fue sacrificado en un altar. Lo peor de este ritual era la forma en que se llevaba a cabo el sacrificio. Querían que todos los niños se reunieran para apuñalar al pobre niño en el corazón y matarlo... Entonces quieren que se sienta culpable. Quieren que el niño piense que él mismo es un verdugo. Quieren cargarle con la culpa para que tenga miedo de hablar. De repente te obligan a participar en algo que nunca querrías hacer. Esto te crea muchas dudas y te impide hablar... Te sientes como si tú mismo te hubieras convertido en un maltratador. Ese mismo día, durante la ceremonia, los masones se reunieron con los niños y conmigo. Fueron a diferentes habitaciones detrás del altar, en la parte trasera del edificio, para agredir y violar. Mi tío también estaba allí, y fue él quien me llevó a una habitación para violarme. Era normal para ellos...". (*Aria habla sobre los abusos rituales* - karmapolice.earth, 2019)

La activista estadounidense y superviviente de abusos rituales y control mental, **Jeanette Westbrook**, ha denunciado públicamente los abusos rituales a los que supuestamente la sometió su padre. Su padre era un alto funcionario y director de la Junta Nacional de Inspectores de Calderas y Recipientes a Presión de Estados Unidos. En este puesto, supervisaba las inspecciones de todas las centrales nucleares de Estados Unidos. **Era masón iniciado** en **la logia masónica *Jeffersontown n° 774* de Kentucky**. Esto es lo que Westbrook dijo públicamente sobre su padre:

*"En el caso de esta logia en concreto, creo que hay alguna prueba porque se han juzgado otros dos casos y ha habido condenas. Dos agresores estaban vinculados a la misma logia masónica, de la que mi padre agresor también había sido miembro durante más de 30 años... ¿Hay una correlación aquí? Sí, porque **lo semejante atrae a lo semejante** (...) El último ataque de mi padre tuvo lugar a los 24 años. Esto ocurrió desde la primera infancia hasta los 24 años. El proceso de recuperación de la memoria fue muy lento. Sólo recuerdas ciertos incidentes, o sólo tienes flashes como una película vista desde lejos, a veces con imágenes muy claras, a veces borrosas... Realmente empecé a tener muchos recuerdos y flashes a partir*

*de los 28 años, cuando conocí a mi marido y me casé con él (...)
Hubo diferentes tipos de abusos... He aquí un recuerdo muy
vívido y claro, que dibujé, pero que también conté al inspector
de policía cuando presenté una denuncia contra mi padre:* **me
colgaron cabeza abajo con cuerdas, en un garaje cercano a
nuestra casa.** *Todavía tengo cicatrices en los tobillos...*
**También me amenazaron con un soldador, o me colgaron boca
abajo y me penetraron con un objeto...** *Otras veces me
despertaban en mitad de la noche para llevarme quién sabe
dónde y violarme... Podía ser a cualquier hora de la noche, con
personas conocidas o desconocidas (...)*

*Cuando hablé con alguien de la familia de mi padre sobre esto,
me dijo que había sido violada por dos miembros de esa familia,
¡que también me habían violado a mí cuando era niña!* **Pude
remontarme al menos tres generaciones... La policía también
tenía fotografías y acceso al lugar al que me llevaron de niña
para abusar ritualmente de mí. Las pruebas están ahí...** *No sólo
investigó mi detective privado, sino que otros policías me
apoyaron y me acompañaron a comparecer ante el fiscal (...)*
**Creo que él y sus hermanos intentaron no sólo pervertirme,
sino también quebrar mi espíritu... dividir mi espíritu en
pedazos, dividir mi personalidad... Mi hermana recuerda que
mi padre me llamaba por diferentes nombres, y se preguntaba**

por qué... Él era claramente consciente de mis diferentes alter personalidades (...) Creo, e incluso estoy seguro, de que las organizaciones que llamamos satanistas, clubes de pedófilos, programadores, están muy bien informados sobre el sistema de defensa que es el Trastorno de Identidad Disociativo. Lo conocen muy bien y lo crean deliberadamente para ocultar sus perversiones. Lo utilizan para proteger su identidad. Para que yo y todas mis alter personalidades de que sufren abusos horribles y sádicos podamos levantarnos por la mañana para funcionar con normalidad, ir al colegio y luego volver a casa a vivir con los maltratadores. Los actores entre bastidores -el fiscal del distrito, los agentes de policía encargados de mi caso, mi abogado y otras personas de la oficina del fiscal del distrito de Kentucky- sabían que se trataba de un caso de abuso ritual... Todas estas personas estaban convencidas debido a las numerosas pruebas que tenía en mi poder, pero también con el apoyo de los testimonios de las otras víctimas..."

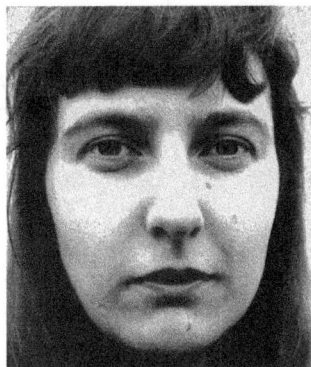

Lo que Jeanette Westbrook describe aquí, cuando afirma que su padre la llamaba por diferentes nombres, corresponde a un individuo -un iniciado- que cultiva los estados disociativos de su víctima en un proceso de control mental. Refuerza así el desdoblamiento de la personalidad (T.D.I.) creado por los traumas extremos destinados a explotar las diferentes alter personalidades.

Encontramos este mismo protocolo en Bélgica en el testimonio de Régina Louf, testigo X1 del asunto Dutroux, que fue examinada por un grupo de cinco expertos dirigidos por el psiquiatra Paul Igodt, quien concluyó que Régina Louf sufría efectivamente un trastorno de identidad disociativo como consecuencia de abusos sexuales masivos.

En su autobiografía *Silence on tue des enfants*, Louf describe cómo un tal Tony (Antoine Vanden Bogaert) la tuvo literalmente en sus manos desde su más tierna infancia, y cómo se dispuso a explotarla como esclava sexual en una elitista red de pedofilia. **Es evidente que Tony conocía bien los procesos disociativos e incluso parecía cultivarlos en su esclava**:

"En Knokke, en casa de mi abuela, los adultos se dieron cuenta de que hablaba con las voces de mi cabeza, de que cambiaba rápidamente de humor o incluso de que a veces hablaba con una voz o un acento diferentes. Aunque solo tenía 5 o 6 años, me di cuenta de que estas cosas eran extrañas y no estaban permitidas. Así que aprendí a ocultar mis voces interiores, mis otros yo (...) **Tony era el único adulto que entendía que algo iba mal en mi cabeza. No le molestaba en absoluto; al contrario, lo** *cultivaba.* **Me puso diferentes nombres: Pietemuis, Meisje, Hoer, Bo. Poco a poco, los nombres se convirtieron en parte de mí.** *Lo extraño era que si mencionaba un nombre, inmediatamente se llamaba la personalidad que correspondía al nombre.* "Pietemuis" (ratoncito) se convirtió en el nombre de la niña que trajo a casa después de sufrir malos tratos: una niña asustada y nerviosa a la que podía consolar hablándole de forma cariñosa y paternal. "Meisje" (niña) era el nombre de la parte de mí que le pertenecía exclusivamente a él. Si abusaba de mí en la cama por la mañana temprano, por ejemplo, o si no había nadie cerca. "Hoer" (puta) era el nombre de la parte de mí que trabajaba para él. "Bo" era la joven que le cuidaba si se emborrachaba y necesitaba atención. **"Eso déjamelo a mí", me decía cuando le preguntaba con curiosidad por qué me ponía**

tantos nombres, y añadía: "Papá Tony te conoce mejor que tú mismo"... Y era tristemente cierto. Y era tristemente cierto.

¿Quién inició a este Tony sobre cómo cultivar y explotar la T.I.D. de Regina Louf? ¿Dónde aprendió estas técnicas de control mental? ¿Es él mismo un miembro de una sociedad secreta? ¿Es él mismo una víctima con doble personalidad?

Pasar por el espejo= disociación

Se utilizan rituales traumáticos extremos para provocar esta *"iluminación"*: la trascendencia del cuerpo físico a través del fenómeno disociativo. El corazón de la perversión satánica reside en *"arrancar el alma"* de la víctima para vampirizar su energía y controlar su mente. Lo que realmente cuenta no son los rituales en sí, sino sus efectos a niveles más allá del mundo material...

En el documento que contiene las audiencias y actas del asunto Dutroux, ya citado, se puede leer en la página 261 la reproducción de una carta fechada en 1996 que describe las prácticas sectarias pedógenas de un grupo de notables:

Sectas - Orgías - Ballet rosa en Holanda. Carta al Ministerio de Justicia holandés sobre las sectas en Holanda. Hay un grupo de 300 personas en Holanda que forman una secta. Organizan orgías con menores (a partir de 3 años).

Miembros = abogados - juristas - jueces - policías... Reuniones en fincas, hoteles o en casa de uno de los miembros (...) Reunión el primer sábado después de la luna llena y en fiestas cristianas y cumpleaños. Grupos de 12 personas con niños. **Violación y tortura de niños. Grandes asambleas = 50 adultos y 50 niños - drogas, bebidas, orgías, violaciones, grabación en vídeo de abusos a niños. Los hijos de los miembros del grupo participan en las fiestas. Esto crea personalidades múltiples en los niños.**

En Navidad, se simula el sacrificio de un niño de 1 año, que es maltratado pero sustituido por un muñeco cuando se produce la tortura real. Se simula el entierro de un niño de 15 años como castigo. ***Se inducen personalidades múltiples, por ejemplo, haciendo creer a los niños pequeños que se les ha introducido un gato, que crece hasta convertirse en una pantera que les vigilará si quieren hablar o abandonar el clan. Estas personalidades múltiples son mantenidas por los psicoterapeutas del clan. Las personalidades múltiples inducidas permiten un control continuo, incluso de los adultos, al crear un cierto equilibrio. Esto convierte a todos los perpetradores en víctimas...***

Esto nos remite a la noción de desdoblamiento de las personalidades de los individuos implicados en estas redes elitistas, que inician a sus propios descendientes durante rituales traumáticos...

Robert Oxnam estuvo más de una década al frente de la prestigiosa institución cultural estadounidense *Asia Society*. Es miembro *de* la llamada *"élite"*, se codea con gente como Bill Gates, Warren Buffet, George Bush, etc., **pero también es múltiple**... es decir, su personalidad está dividida. **Se le ha diagnosticado un trastorno de identidad disociativo** y ha escrito una autobiografía titulada *"Una mente fracturada"*. En 2005, el programa *60 Minutes de CBS News* le dedicó un reportaje para explicar este particular trastorno mental. Robert Oxnam tuvo una educación muy rígida y estaba sometido a una gran presión para triunfar social y profesionalmente. Su padre era rector de universidad y su abuelo obispo y presidente del Consejo Mundial de Iglesias (CMI)... Su abuelo no era otro que **Garfield Bromley Oxnam,** importante representante de la comunidad protestante estadounidense, líder de la *Iglesia Metodista estadounidense* y amigo del evangelista Billy Graham, ambos militantes de un liberalismo cristiano destinado a establecer una religión de *"Una Iglesia para un* mundo". **Según Fritz Springmeier, G. Bromley Oxnam y Billy Graham eran masones de grado 33 implicados en abusos rituales satánicos y control mental...** John Daniel, en su libro *"Two Faces of Freemasonry"*, afirma que el abuelo Oxnam obtuvo el 3er grado en *la Logia Temple 47* de Greencastle el 22 de noviembre de 1929 y recibió el 33° grado honorario el 28 de septiembre de 1949.

Así que tenemos a Springmeier afirmando en los años 90, según sus fuentes, que el abuelo Oxnam era un alto iniciado masónico involucrado en rituales traumáticos... alegaciones nunca probadas... **luego, una década más tarde** (en 2006), **tenemos a su nieto, Robert Oxnam, revelando públicamente que sufre de severa doble personalidad... que es el síntoma típico de las consecuencias del abuso ritual traumático dirigido al control mental.** ¿No es esto un fuerte indicio de que las fuentes de Springmeier son fiables y de que la familia Oxnam practicaría estos horrores con sus descendientes? Es muy posible que Robert Oxnam se sometiera a una programación basada en traumas en . Tras sus brillantes estudios, fue promocionado muy rápidamente en los principales medios de comunicación y "propulsado" a una posición prestigiosa y elitista...

A Fractured Mind

MY LIFE WITH MULTIPLE PERSONALITY DISORDER

ROBERT B. OXNAM

"A vivid narrative path into the recesses of one manic mind."
—The New York Times

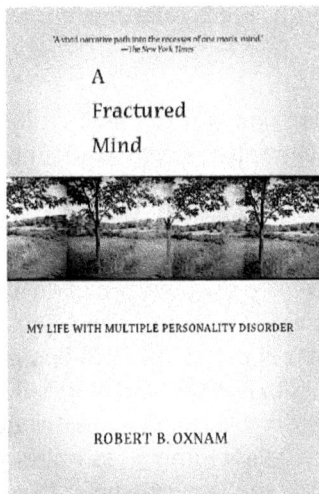

Robert Oxnam *estaba en la cima del mundo*, pero en su interior había una mezcla de depresión, ira y rabia. **Por un lado, estaba ese fulgurante éxito social y profesional y, por otro, un malestar permanente y una depresión que iba a peor.** En los años 80, Oxnam recibió tratamiento por alcoholismo y bulimia. Las consultas con un psiquiatra por sus problemas de adicción y sus **recurrentes lapsus de memoria** no mejoraron nada. A veces se despertaba con moratones y heridas por todo el cuerpo, sin tener ni idea de lo que podían haberlas causado, ni siquiera del contexto en el que podían haber sucedido. **Al parecer, tenía otra vida paralela...** Un día, se encontró perdido entre la multitud en la Estación Central de Nueva York, en estado de trance, y **oyó voces** que le acosaban, diciéndole que era malo, que era la peor persona que había existido nunca. En 1990, durante una sesión de terapia con el Dr. Jeffrey Smith, **Robert Oxnam se convirtió de repente en otra persona... Su psiquiatra informó de un cambio completo en su voz, actitud y movimientos.** Durante una sesion, el Dr. Smith informo que las manos de Oxnam *eran como garras*, estaba con una rabia terrible. Esta ira provenía de un niño llamado *'Tommy'*. Cuando Smith le contó a Oxnam lo que había sucedido durante la sesión, éste dijo que no conocía de nada a *Tommy* y que no recordaba nada de lo que había sucedido en la consulta del terapeuta . Fue entonces

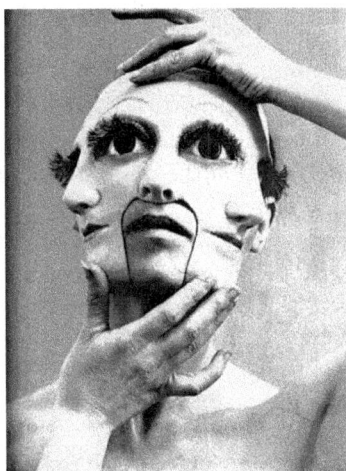

cuando el Dr. Smith se dio cuenta de que podía estar ante un caso de personalidad múltiple.

En el transcurso de la terapia, **surgieron once alter personalidades muy distintas e independientes entre sí.** Entre ellas estaban *Tommy*, un joven enfadado, la *Bruja*, un alter terrorífico, y *Bobby y Robby*. *Bob* era la personalidad dominante, es decir, la personalidad anfitriona: la cara pública, en este caso un intelectual que trabajaba en la *Asia Society*. En su vida pública, Robert Oxnam se dedicaba a sus negocios, reuniéndose con dignatarios como el Dalai Lama. **Pero esta vida pública no dejaba entrever sus profundos trastornos de personalidad...** Durante su terapia, un alter llamado *Baby* le trajo **recuerdos de abusos en su infancia. Se trataba de graves abusos sexuales y físicos,** siempre acompañados de las siguientes palabras: *"Eres malo, esto es un castigo".*

¿Sufrió Robert Oxnam abusos rituales masónicos? ¿Sufrió de niño un desdoblamiento de personalidad intencionado? ¿Pertenecía a una de esas familias elitistas que practican un control mental sistemático sobre su descendencia? ¿De dónde procede el terrorífico alter ego de *"bruja"?* En cualquier caso, su caso demuestra claramente cómo **un individuo puede padecer un trastorno de identidad disociativo y, al mismo tiempo,**

realizar negocios a un alto nivel y mantener una fachada pública perfectamente normal. ¿Es esto a lo que se refiere Fritz Springmeier cuando habla de *esclavos bajo un control mental totalmente indetectable*, para describir a estos individuos **voluntariamente escindidos y programados**? (*"A Fractured Mind: My Life with Multiple Personality Disorder"* - Robert B. Oxnam, 2006)

Al parecer, la iniciación traumática de los niños en determinadas logias tiene por objeto crear una reserva de individuos más o menos programados mentalmente y, por tanto, capaces de servir a los proyectos masónicos en un futuro próximo. En la adolescencia y la edad adulta, el niño que ha sufrido el abuso ritual -y el control mental que conlleva- recibirá todo el apoyo y el dinero necesarios de la red para ser inyectado estratégicamente en la sociedad, donde aparecerá con una personalidad de fachada (*Dr. Jekyll*). El objetivo es colocar a individuos "seguros" en puestos clave, ya que los "eslabones débiles" están fuera de cuestión en semejante sistema de control global.

Sobre el tema de la doble vida *"masónico-esquizoide"*, el caso de una persona prominente con una presunta doble personalidad fue relatado por el Dr. Richard Kluft en su libro *Childhood Antecedents of Multiple Personality (Antecedentes infantiles de la personalidad múltiple)*. El Dr. Kluft describe la historia de un hombre de 22 años que fue sometido a un examen psiquiátrico por un juez, momento en el que se consideró la posibilidad de que sufriera un trastorno de identidad disociativo. El hombre estaba siendo

CBS News
Dr. Richard Kluft

juzgado por el asesinato de su padre . Declaró a la policía que su padre era **un conocido farmacéutico** y un "pilar" de la comunidad local, pero que **se dedicaba al tráfico de drogas y tenía conexiones con el crimen organizado.** Basándose en las declaraciones del acusado, su familia y su esposa, **se descubrió que también era muy probable que el padre padeciera un trastorno de identidad disociativo. Se le describió en como un hombre impredecible que entraba en cólera de forma inapropiada, con cambios de voz y comportamientos inusuales. Tanto el acusado como algunos de sus familiares informaron de que el padre actuaba como** *si fuera "dos personas distintas"*, **afirmando que era a la vez un** *"traficante de drogas"* **y un** *"pilar de la comunidad"*, **es decir, que tenía**

una actividad delictiva oculta por un lado y una fachada
pública muy respetable por otro - Dr. Jekyll & Mr Hyde. Mr
Hyde - La historia no nos dice si era masón, pero su condición
de notable farmacéutico y "pilar de su comunidad" sugiere que
pertenecía a algún tipo de logia.

También podemos mencionar a **Jacques Heusèle**, otro caso de
notable que llevó una doble vida extremadamente
compartimentada. Francmasón y miembro devoto del **Rotary
Club**, Heusèle era un próspero agente de seguros de Arras que
llevaba una doble vida totalmente desconocida para sus
allegados. Una existencia paralela vinculada a una red de
prostitución, y probablemente a la organización de ballets rosas
(pedocriminalidad)... **Sólo después de su muerte** (asesinato) **su
familia descubrió y comprendió quién era realmente** -Dr.
Jekyll & Mr. Hyde-....

Sin embargo, la historia no nos dice si Heusèle sufría un
desdoblamiento de personalidad o un trastorno de identidad
disociativo. Hay que recordar que fue en este caso cuando el
abogado Bernard Méry oyó a un juez replicarle: "*Maître, no hay
nada que podamos hacer en este caso, usted tiene la
masonería... ¿Qué quiere hacer con la masonería?*

En Inglaterra, tenemos el asunto *Waterhouse* (también conocido como *Lost in Care* o *escándalo de abusos a menores del norte de Gales*). Se trata de uno de los mayores escándalos de abusos a menores del Reino Unido. Decenas de antiguos residentes de hogares infantiles de Gales relataron a los investigadores terribles abusos: "*abusos graves y sistemáticos*", según la policía.

Una de las muchas víctimas, **Keith Gregory**, sufrió dos años de abusos psicológicos, físicos y sexuales cuando era niño en el hogar de *Bryn Estyn*. Keith Gregory, ahora concejal de Wrexham, **dijo que el personal del hogar le llevaba regularmente a un hotel donde grupos de hombres abusaban sexualmente de él y que se trataba de una red elitista de pedofilia.** Los niños solitarios de los hogares de acogida siempre han sido objetivo de estas redes del horror... (véase el caso similar del orfanato de Jersey "*Haut de la Garenne*")

Keith Gregory dijo a *BBC5* Radio que estaba convencido de que los abusadores escaparon a la justicia **debido a sus** "*conexiones*

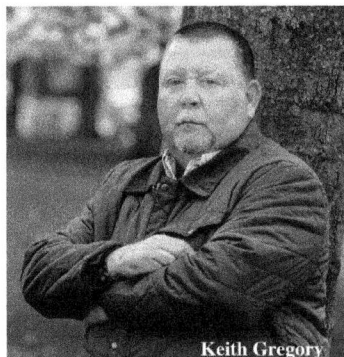

Keith Gregory

masónicas". **Afirma que los políticos, jueces y jefes de policía acusados de violar a niños en estos orfanatos de Gales escaparon a la justicia porque la mayoría de ellos eran masones....**

Bill Brereton, entonces Subjefe de Policía de Gales del Norte, recomendó encarecidamente que un **organismo de investigación externo e independiente pudiera determinar si una red masónica podría haber protegido a los pedófilos masones implicados en este caso**... una petición que fue rápidamente rechazada por sus superiores en . Además, cuando el abogado de las víctimas, Nick Booth, intentó presentar el *"factor masónico"*, fue rápidamente reprendido por cuestionar la integridad del tribunal de Sir Ronald Waterhouse... él mismo masón. Cuando Nick Booth se limitó a pedir al juez Waterhouse que determinara si alguno de los investigadores, abogados o testigos relacionados con el caso eran masones, esta transparencia fue rechazada sin justificación alguna... Booth explicó entonces que **"el deber de lealtad de un *hermano mason* y su deber de imparcialidad si está implicado en la administración de justicia, deben constar públicamente"**.

Sir Ronald Waterhouse

Publicada en 2000, la investigación de la Comisión Waterhouse, centrada en los abusos que se producían dentro de los propios hogares, concluyó que no había pruebas que corroboraran la existencia de ninguna red criminal de protección o pedofilia a gran escala. Para Waterhouse, todas esas violaciones de menores eran casos aislados y, por supuesto, no había ningún personaje público implicado... Mientras se pedía a la Comisión que determinara la naturaleza de las *"disfunciones"* de algunos orfanatos del País de Gales, se dedicó a desmontar sistemáticamente las acusaciones de las víctimas, **que denunciaban un sistema organizado que iba más allá del marco de los hogares.**

¿Suprimió la Comisión Waterhouse pruebas esenciales para encubrir una red?

Si se tiene en cuenta que los masones juran proteger a sus *hermanos* pase lo que pase, la integridad de los tribunales queda muy en entredicho, es decir, el poder judicial y la jerarquía superior de las fuerzas de la ley y el orden están sometidos en gran medida, si no totalmente, a la Logia (bajo juramento masónico)...

La esfera institucional capaz de aplicar una verdadera Justicia: jueces, abogados, altos responsables de la policía o de la

gendarmería están en su mayoría actualmente relacionados o directamente iniciados en esta red de sociedades secretas masónicas. Esta es una de las razones por las que hoy es tan difícil obtener procesamientos en este tipo de casos. **Las instituciones de "justicia" con las que se espera proteger a los niños... en realidad parecen trabajar en contra de los intereses de los niños, como han demostrado numerosos casos...**

En 1990, en Evansville, Indiana (condado de Vanderburg, Estados Unidos), se silenció, como de costumbre, un sórdido caso de rituales pedófilos. En aquella época, el asunto de la llamada **"Satanic Blue House"** recibió atención nacional, en particular con el programa de televisión *A Current Affair*, que describió Evansville como un *"Devil's Playground"*.

En 2017, **Jon Pounders** de *NYSTV*, en colaboración con **David Carrico** (autor de *The Egyptian Masonic Satanic Connection*), produjo un documental (*Dark Covenant - Secret of Secrets*) detallando el asunto de *la Casa Azul*, que ha recibido poca o ninguna referencia en el mundo francófono. Por razones legales, el documental no menciona la conexión masónica de este caso, pero los productores declaran extraoficialmente que todos los acusados están vinculados a la masonería.

Jon Pounders afirma que *las personas implicadas en esta Casa Azul, en particular el director de la escuela, cuyo nombre se menciona más , pero también funcionarios, todas estas personas implicadas en el abuso y el encubrimiento del asunto eran masones, sin excepción. Todos eran masones, y el expediente es público.*

Una de las víctimas testifica:

"Cuando tenía 8 años, me sacaban de la escuela... el director entraba en clase y le decía al profesor que nos llevaba a un curso especial para 'aprender'. Nos llevaban a la Casa Azul. Nunca se nos hizo justicia... El fiscal nunca inició una investigación a pesar de todos los testimonios coincidentes. No se lo contamos a nadie porque también nos amenazaban con meternos en líos, por todo lo que habíamos hecho... Pero sólo éramos unos críos".

Los niños de Evansville dijeron que los habían sacado de la escuela para someterlos a **violencia pedosatánica ritualizada**

en lo que llamaban una Casa Azul. Según las víctimas, **estos rituales incluían abusos sexuales y sacrificios de sangre.**

Rick Doninger, defensor de los niños:

"Todos los niños de la Casa Azul afirmaron haber sido maltratados por masones. El fiscal se negó a abrir una investigación. ¿Por qué lo hizo? Es un misterio.

Doninger también declaró que la investigación había sido confiada a policías que también eran masones...

Los numerosos testimonios coincidentes, así como **los exámenes médicos y psicológicos que confirman la veracidad de los abusos y traumas**, no impidieron al fiscal Stanley Levco declarar al periodista de *"Current Affair"* que *no creía en* la palabra de los niños y que, por tanto, no abriría ninguna investigación...

A pesar de los numerosos testimonios y pruebas, el caso nunca se llevó ante un tribunal y no se practicó ninguna detención, dejando a las pequeñas víctimas una vez más en la soledad de la injusticia.

Rick Doninger - Child Advocate

David Carrico afirma que "*lo más frustrante de todo esto es que había doce niños que fueron entrevistados por* **Bill Welborn** *(antiguo fiscal) y por* **Sue Donaldson** *(jefa del departamento de psicología de la Universidad de Evansville), que entrevistó a seis de ellos:* **todos estos niños dijeron lo mismo, sin conocerse entre sí, todos dieron el mismo testimonio.** *En particular, mencionaron a dos masones que les llevaban a esta casa para hacer rituales...* **Esto se confirmó médicamente en el hospital, y se reconocieron los abusos. Hay una niña que afirma que el director la violó en su despacho con un objeto... ¡Esta niña fue examinada en el hospital y se confirmó médicamente la violación! Hay marcas físicas, hay múltiples testimonios, ¡pero no hay ningún procesamiento!*".

El abogado Bill Welborn informó en *Current Affair*: "*En primer lugar, hubo muchos niños que denunciaron prácticas muy similares. Lo segundo es la similitud de las marcas físicas de los abusos. Muchos de ellos fueron agredidos y heridos de formas idénticas.*

Bill Welborn
ATTORNEY

Los niños contaron que les sometían **a sesiones de descargas eléctricas mientras veían fotos, con el objetivo de invertir el bien y el mal cambiando el nombre de la foto por su opuesto exacto; como si les metieran la mano en agua caliente y les dijeran que era algo frío para ellos.** *"Ya no distinguíamos el bien del mal"*, **decían algunos.** Decían que les obligaban a mirar animales muertos y descuartizados en cofres, que les obligaban a tragarse su propio vómito si caían enfermos por comer los animales sacrificados. **Encontramos aquí rituales ocultistas destinados a eliminar toda noción del bien y del mal, lo que confirma que se trataba de prácticas inspiradas en una cierta gnosis propia de las sociedades secretas.**

Sue Donaldson, por entonces profesora de psicología en la Universidad *del Sur de Indiana*, hizo declaraciones públicas en el programa de televisión *Current Affair*. Examinó a seis de estos niños, y todos tenían cicatrices similares: *"Cuando vi al primer niño, me pregunté si no se lo habría hecho él mismo. Cuando vi*

al segundo, luego al tercero, al cuarto, etc., hasta llegar al sexto, todos tenían estas cicatrices en el mismo sitio. **Decían que los habían cortado en la Casa Azul los profesores que los habían sacado de la escuela".**

Tras las entrevistas psicológicas y los exámenes físicos, Sue Donaldson ya no podía rechazar sus palabras: *"A estos niños les ha pasado algo ",* dijo. **Para ella era obvio que estos niños habían sufrido un trauma, pero no sabía exactamente de qué se trataba. Confirmó que los niños estaban gravemente traumatizados...**

Un miembro de la asociación de protección de la infancia *"Children of the Underground"* ayudó a una de estas niñas (Sarah Jane Wannamaker) y a su madre a huir a Altanta para escapar de la custodia del padre supuestamente maltratador . Sarah había hecho declaraciones precisas y detalladas sobre abusos rituales satánicos: asesinato, canibalismo, oraciones a demonios, amenazas de *cortarla por la mitad*, etc. En aquel momento, este miembro de la asociación declaró que Evansville sería un nido de satanistas transgeneracionales. La zona también es conocida como un bastión masónico...

Sarah dijo que **los verdugos filmaban todos sus rituales, amenazando a los niños con fotos si hablaban.** Mencionó un presunto asesinato en sacrificio de un niño perpetrado por el director de la escuela (Shriners), que supuestamente cortó las piernas de la víctima. Se informó de que la pequeña Sarah posiblemente estaba desarrollando **un trastorno de identidad disociativo**, ya que cambiaba de un personaje a otro mientras declaraba. Describió a una veintena de adultos vestidos con togas azules o negras con capucha. Dibujó símbolos egipcios, similares a ciertos ornamentos masónicos de grandes edificios del centro de Evansville. La niña afirmó que mantenían a los bebés en frascos y que **cada acto que realizaban con un niño quedaba registrado en un pergamino.**

Casi cada vez que un caso de *"abuso ritual satánico/masónico"* se lleva ante los *tribunales*, el caso se desestima inmediatamente por infundado... Este bloqueo judicial podría validar la existencia de una estructura de poder que va más allá del sistema jurídico oficial. ¿Es ésta la noción *de Estado dentro del Estado* (o *Estado profundo*) que Sophie Coignard denunció en su investigación sobre la masonería? Jon Pounders dice al respecto: *"El problema es que cuando se tiene este tipo de caso en el que un masón protege a otro masón, en el que un juez es a su vez masón, etc., es muy difícil para un fiscal o investigador llegar al fondo del asunto. Incluso un fiscal o investigador que quiere hacer avanzar las cosas a veces no puede. En Evansville, Indiana, más de la mitad de la policía está iniciada en la masonería, **por lo que su juramento masónico prevalece sobre su juramento de servir y**

proteger al pueblo. Es un gran problema en la política también..."

Cuando se enfrenta a las nociones de satanismo/luciferismo, magia/brujería, sacrificios de sangre, demonología, magia sexual, sociedades secretas, etc., el ateo se topa con un muro ideológico; entonces calificará estas cuestiones sobrenaturales de irracionales, supersticiosas o arcaicas. Son intelectual/espiritualmente impotentes para empezar a comprender las prácticas rituales paidocriminales del ocultismo más oscuro. Es un paso que hay que dar antes de empezar a comprender esta cruda realidad...

El Dr. Stephen Kent dijo: "*Lo que más me preocupa son ciertos grupos desviados dentro de la masonería. Para mí, es bastante plausible imaginar a masones desviados inspirándose en algunos de los escritos extremistas de Aleister Crowley o interpretando algunas de sus afirmaciones sobre los niños y el sexo, o algunas de sus afirmaciones sobre el sacrificio de niños o adultos, literalmente e incorporándolas a sus rituales.*"

En su libro *Do What You Will: A History of Anti-Morality*, Geoffrey Ashe escribe que Aleister Crowley era "*como tres o cuatro hombres diferentes*".

El propio Crowley describió sus estados alterados de conciencia en los que se enfrentaba a otras entidades imaginarias, disociativas o espirituales. ¿Tenía el propio Crowley una personalidad múltiple, una personalidad escindida por un trauma infantil? ¿Tenía un trastorno de identidad disociativo? En su libro *Magick in Theory and Practice*, Crowley aboga por el autocastigo mediante la escarificación con una cuchilla de afeitar. Los terapeutas que trabajan con supervivientes de abusos rituales afirman que la autolesión por escarificación es la característica más común de los pacientes con trastornos disociativos graves. El dolor y la liberación de endorfinas que proporciona la escarificación es un medio -generalmente inconsciente- de disociación y alivio de la infelicidad interior.

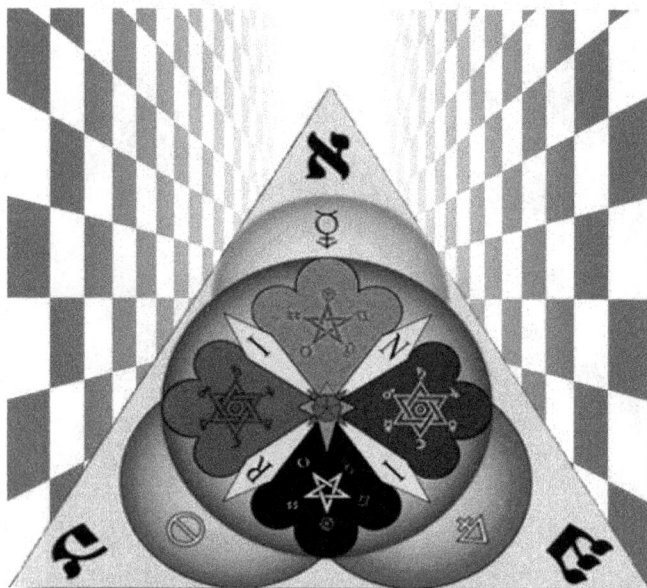

Aleister Crowley ingresó en *la Orden Hermética de la* **Aurora Dorada** en 1898, pero fue expulsado de la sociedad secreta en 1900. En 1901, un escándalo sacudió a la Golden Dawn cuando Theo Horos (Frank Jackson) y su esposa fueron acusados de violar a una niña de dieciséis años. En aquel momento, **el juez concluyó que la pareja había utilizado rituales de la Golden Dawn para explotar sexualmente a menores**. Según Richard Kaczynski, autor de *"Of Heresy And Secrecy: Evidence of Golden Dawn Teachings On Mystic Sexuality"*, **las prácticas de magia sexual eran habituales en esta sociedad secreta. La magia sexual es una enseñanza común a todas estas diferentes logias luciferinas.**

MASONERÍA Y ESQUIZOFRENIA - Comprender los misterios del poder

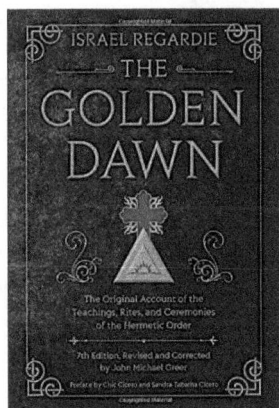

La Aurora Dorada se creó tras el descubrimiento de unos misteriosos documentos germánicos. Se trataba de manuscritos codificados que fueron descifrados y transcritos por uno de los miembros fundadores de la Orden, el Dr. William Wyn Westcott, masón. Posteriormente se sospechó que los documentos habían sido falsificados y, para aclarar el asunto, el autor de "*Los Magos de la Aurora Dorada*", Ellic Howe, envió las traducciones de Westcott a un experto en grafología. **El experto llegó a la conclusión de que Westcott probablemente padecía un trastorno de personalidad múltiple (trastorno de identidad disociativo) debido a sus peculiares estilos de escritura.** En su libro "*What You Should Know About The Golden Dawn*" (*Lo que debe saber sobre la* Aurora Dorada*)*, Gerald Suster, abogado de la Aurora Dorada, refutó el argumento del trastorno de personalidad múltiple, señalando que otro miembro destacado de la Orden, Israel Regardie, también tenía un estilo de escritura que podía variar y que nunca se le había diagnosticado personalidad múltiple ni ningún trastorno psiquiátrico... **Una interpretación de estas variaciones en la escritura es que ambos hombres padecen trastornos disociativos causados por experiencias rituales traumáticas. Los terapeutas especializados en trastornos disociativos describen bien cómo un cambio en el estilo de escritura en la misma persona es un marcador que puede indicar cambios de una personalidad a otra.** ("Cult & Ritual Abuse" - James Randal Noblitt & Pamela Perskin Noblitt, 2014, p.141)

- Dr Jekyll & Mr Hyde -

Ya hemos mencionado al **Ordo Templi Orientis** (OTO) y sus prácticas ocultas de magia sexual. Esta sociedad secreta (una subestructura de la Golden Dawn), que puede calificarse de masónica porque fue fundada por dos masones y se basa en el mismo patrón y suelo gnósticos, ha sido denunciada en varias ocasiones **como una auténtica red pedocriminal.**

La psicóloga australiana **Reina Michaelson**, premiada en 1996 por sus trabajos sobre la prevención de los abusos sexuales a menores, **afirma que en ciertos rituales de la O.T.O. se masacra literalmente a los niños.** La O.T.O. llevó a Michaelson ante los tribunales por estas acusaciones y ganó el caso.

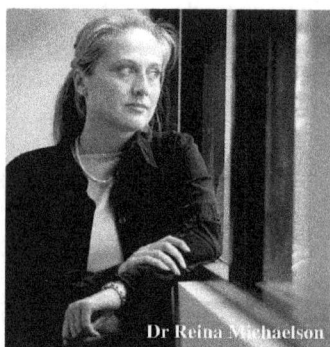

Dr Reina Michaelson

La psicóloga había afirmado, según sus fuentes, que esta sociedad secreta era una *red de pedofilia*, **algunos de cuyos miembros practicaban abusos rituales con magia sexual, control mental basado en traumas y producción de pornografía pedófila. También afirmó que** *esta secta satánica tenía mucho poder porque estaba dirigida por familias muy poderosas e influyentes*, **e insinuó que altos cargos políticos y otras personalidades de la televisión formaban parte de una red de pedofilia de alto nivel encubierta por las autoridades.**

En 1995, la O.T.O. fue catalogada como secta luciferina en un informe parlamentario de la comisión de investigación sobre las sectas en Francia.

En su libro *L'Enfant sacrifié à Satan (El niño sacrificado a Satán)*, el periodista **Bruno Fouchereau** escribe: *"En Roma, Italia, se reveló la existencia de un grupo de la O.T.O. que practicaba la violación de niños como parte de sus rituales, lo que provocó un escándalo porque en él participaba la juventud dorada de la ciudad, así como* conocidos *abogados...".*

La investigación de Bruno Fouchereau recoge el testimonio de **Samir Aouchiche**, víctima de una secta para-masónica llamada "Alianza Kripten". He aquí un extracto del libro, que describe una ceremonia de la Aurora Dorada en la que **participaron niños** y en la que participó Aouchiche: "Finalmente, llegaron a la sala. Una vez más, la decoración ha cambiado. Las paredes están ahora cubiertas de tela negra, las luces de neón están apagadas y luces halógenas iluminan la sala indirectamente. **En el suelo hay dibujado un enorme triángulo malva, en cuyo centro se ha colocado una especie de damero. A ambos lados del triángulo, dos tipos de columnas de unos dos metros de altura**

Samir Aouchiche

L'Enfant sacrifié à Satan

Enquête réalisée par Bruno Fouchereau

librairie "Vues sur Loire" filipacchi

se alzan como obeliscos. Una es blanca y negra, la otra roja y verde. Al fondo de la sala, frente a la entrada, sobre una especie de plataforma enmarcada por cuatro candelabros, hay dos grandes sillones rojos y dorados (...) Cinco o seis niños están allí, algunos visiblemente acompañados por sus padres o amigos íntimos. Un niño de unos seis años, que se negaba a soltar la mano de su padre, recibió una bofetada monumental que le hizo rodar por el suelo ante las risas de los adultos, que estaban claramente encantados de ver a este niño medio aturdido (...) ¡Samir no daba crédito a lo que veía! Los adultos van vestidos de forma muy diferente.

La mayoría llevan **grandes saris blancos, algunos verdes y rojos**. Otros van **vestidos totalmente de cuero** (...) Otros van con el torso desnudo **pero llevan máscaras**. En total son unos veinte, con atuendos muy variados. Todos están apiñados cerca de la pequeña sala contigua al auditorio. En este caso, parece servir de guardarropa, ya que todos los hombres y mujeres salen con atuendos más o menos extraños, aunque hayan entrado vestidos de calle. Ajouilark también está allí, **envuelto en una saie roja. En el pecho lleva un enorme triángulo morado ribeteado de negro y coronado por una cruz blanca. Su rostro está enmascarado**, pero Samir conoce demasiado bien sus ojos como para no reconocerlo (...) Suena música de misa y la "Emperadora", seguida del Comandante, se dirige al estrado. Mientras tanto, Steerlarow se afana en preparar en bandejas de plata grandes cantidades de lo que Samir se entera más tarde que es cocaína.

Ondathom coge del brazo a Samir para guiarle, junto con las niñas ganadoras y los demás niños, hasta la parte delantera del escenario, donde todos se alinean. Los adultos se distribuyen, con una especie de descarado buen humor, a los lados del triángulo, frente a las columnas y la plataforma (...) **Mientras las bandejas pasan entre el público, Ondathom y el chino desnudan sin piedad a los niños. Algunos sollozan, otros se cubren la cara como si esperaran recibir un golpe en cualquier momento** (...) Las conversaciones van bien: un hombre con una máscara roja se declara sensible a las nalgas de Samir, una mujer vestida con una saie blanca no tiene más que elogios para los premiados de Steerlarow (...) Durante el discurso del emperador, Ondathom, con un copón de cobre en la mano, **da a los niños un sorbo de un líquido rojo amargo. Todos sintieron rápidamente lo mismo. La cabeza les daba vueltas. No caen en la inconsciencia, pero de repente se ven envueltos en una especie de niebla. Los adultos pueden ver los efectos de la**

135 |

droga mientras los niños se desploman unos sobre otros. El Emperador continúa: *"¡Comandante, lleve el estandarte al este!"*. Ajouilark coge el estandarte en cuestión y lo coloca en la pared este de la sala. **Representa una cruz dorada con una T blanca en su eje, que es también el centro de una estrella de seis puntas formada por dos triángulos, uno rojo y otro azul.** *"¡Comandante, lleve el estandarte al oeste!* La bandera occidental es un triángulo dorado sobre fondo azul con una cruz roja en el centro. Samir puede ver estos estandartes como a través de la niebla en , pero los símbolos inscritos en ellos marcarán su

mente para siempre. *El Emperador* levanta los brazos hacia el cielo y cierra los ojos para concentrarse (...) *"Infunde vigor y pureza a estos jóvenes seres (el Emperador parece bendecir a los niños), tú que eres el maestro de los poderes elementales que controlas, y que estos jóvenes seres sigan siendo un verdadero símbolo de la fuerza interior y espiritual de nuestra orden."* **Este ritual es uno de los de la Aurora Dorada y parece ser al que Samir ha sido sometido con más frecuencia.** Samir ya casi no puede oír las palabras del Emperador; siente que cae, que está atrapado en un remolino. Todo da vueltas, los rostros se confunden, y apenas puede oír al Comandante declamar: *"**Los cuerpos de estos niños son el pan que compartimos. Ocultan nuestros vínculos y, a través de nuestra sexualidad liberada por fin del yugo de los opresores judeocristianos, nos purificamos, reintegrando el plano sagrado de los caballeros celestiales de la Orden de la Alianza de Kripten. El sexo y todos los placeres de nuestros sentidos son la única ley a satisfacer. Sírvanse mis hermanos, en el nombre de príncipe nuestro señor, y honren a Thule...**"* El Comandante puso su dinero donde estaba su boca y levantó su faja, revelando una polla erecta. **Se acerca a una niña de unos doce años que lleva sollozando desde el comienzo de** la ceremonia. La niña apenas se resiste (...) **Ya, hombres y mujeres se han apartado para entregarse a su placer, otros agarran a los niños... Samir se siente palpado, vuelto del revés... luego se hunde en una especie de coma de vigilia, una insensibilidad total, como si todo esto no fuera cierto, como si su cuerpo no fuera su cuerpo, como si sólo fuera un observador de esta odiosa reunión..."** (Samir entra aquí en un estado de insensibilidad total, como si su cuerpo no fuera su cuerpo, como si sólo fuera un observador de esta odiosa reunión..."). (Samir entra aquí en un estado disociativo)

Se trata de un ritual **"pedosatánico"** que implica la violación y la tortura de niños al amparo de una doctrina luciferina que se resume en "*Haz lo que quieras es toda la ley*". La secta "Alianza

Kripten" que practica estos horrores parece aplicar al pie de la letra los rituales de la Golden Dawn, a su vez derivada de las esferas masónicas... Como se ha mencionado al principio de este documento, se trata de una *muñeca rusa* iniciática en la que se superponen varias *escuelas esotéricas*, unas abriendo puertas a otras en un proceso iniciático altamente selectivo. **No estamos hablando de** *"desviaciones masónicas"* **ni de** *"grupos marginales desviados"***, estamos hablando de las sectas más profundas -y más elitistas- de la esencia masónica, donde el Bien y el Mal ya no existen...**

En el caso Alègre, las confesiones de un juez parecen confirmar la existencia de estos grupos sectarios ultraviolentos que practican crímenes rituales en Francia... Pierre Roche, a la sazón presidente del Tribunal de apelación de Montpellier, murió en 2003 de manera sospechosa. Sus hijos, **Charles-Louis Roche** y su hermana **Diane**, ambos abogados, afirman que su padre fue víctima de la red en la que él mismo estaba implicado. Unas semanas antes de su muerte, sintiéndose amenazado y bajo presión, el juez se confió a ellos, relatando sus "turpitudes" en forma de arrepentimiento y culpabilidad extrema.

Describió los rituales criminales de este grupo sectario ... En 2005, Charles-Louis Roche denunció públicamente las macabras confidencias de su padre: "**Estaba muy claro, nuestro padre nos habló de una especie de secta detrás de la cual había una especie de corpus ideológico...**

Charles-Louis Roche

¿Cómo funciona esta secta? Nos acercamos a la gente con poder; si no tienes poder, no eres interesante. Así que desde el momento en que alguien tiene poder, puede ser útil y podríamos considerar su reclutamiento, siempre y cuando hayamos detectado en él la corrupción moral que le convertirá en un miembro adecuado. Lo último que queremos es reclutar a alguien que pueda romper el grupo o que pueda denunciar lo que ha presenciado. Así que reclutamos a personas que parecen interesantes y en las que **hemos detectado esta especie de vocación, que yo calificaría de diabólica... Empezamos invitando a esta persona a fiestas menos extremas que aquellas a las que asistirá más tarde, pero durante las cuales la encerramos filmando lo que ocurre durante estas fiestas**. Esto asegura la futura lealtad del miembro y que nunca hablará con nadie. Luego pasamos a cosas cada vez más serias... La moral, si me atrevo a decirlo, o la ideología que hay detrás de este grupo, es muy seria en cuanto a lo que revela sobre nuestra sociedad...".

En este grupo, se les dice que todas las normas que se les han metido en la cabeza desde el principio, ya sea en la escuela, en la sociedad, etc., son limitaciones a su libertad, que les impiden alcanzar la *quintaesencia del género humano*, y que, por lo tanto, deben rechazar todas las normas, empezando por las leyes, la moral

y la decencia. Es necesario transgredir esas reglas de , violar, a veces literalmente, todos los tabúes para romper esa especie de cerrojos que nos han metido en la cabeza desde la infancia. Así es como se empieza con la violación y la tortura, y se acaba con el asesinato... Así que aquí hay personas que, después de eso, se vuelven completamente desenfrenadas, imbuidas de sus poderes, y que son llevadas, animándose unas a otras, a ir cada vez más lejos en el horror (...)

Nuestro padre nos habló de gente del mundo de la medicina, incluso de las universidades. Este grupo secreto reclutaba a mucha gente de los círculos jurídicos, e incluso oficiales de policía de alto rango eran muy apreciados. Así que se trataba de un grupo secreto cuyas actividades consistían en llevar a cabo ceremonias de algún tipo en el mayor secreto, combinando prácticas tan extrañas y uniformemente repugnantes como el sexo en grupo y la escarificación... Evocaba imágenes que ponían los pelos de punta. Habló de carne carbonizada, quemaduras de cigarrillos, carne perforada. Nos contó que **en estas sesiones** se torturaba, **a veces incluso se mataba**... Había enfermos que exigían este tipo de tratamiento, pero también había **personas no consentidoras, a veces niños, que primero eran torturados, luego ejecutados, todo ello filmado y objeto de un tráfico de vídeos ilegales que se**

comercializaban bajo cuerda a precios disparatados. Nos contó que las presas de este grupo de depredadores de la alta sociedad se reclutaban en los estratos más bajos de la sociedad, en las categorías de personas que nunca serían buscadas. Habló de prostitutas, habló de "*vagabundos*", y cito el término utilizado por un magistrado. A veces incluso mencionaba a extranjeros ilegales, en función de lo que pudieran conseguir, imagino. En otras palabras, personas que han roto sus vínculos con su entorno o que no tienen existencia legal, personas a las que nadie va a ir a buscar o sobre las que cualquier investigación estará más o menos condenada al fracaso desde el principio. **Por supuesto, los miembros de este grupo, debido a las posiciones influyentes que ocupan, están en condiciones, si ciertos casos amenazan con salir a la luz, de cortar de raíz manipulando los** resortes **que tienen a su disposición, sobre todo porque todos se tienen cogidos por el cuello..."**.

En 2008, Charles-Louis Roche dio una serie de conferencias gratuitas en el Théâtre de la Main d'Or de París. En ellas, el abogado describió el funcionamiento entre bastidores de nuestras instituciones, basándose en revelaciones hechas por su padre. ¿Podría Patrice Alègre, a quien los medios de comunicación presentaron como un asesino en serie solitario, no haber sido más que un proveedor de "carne fresca" para la red de *la Hermandad* en la región de Toulouse?

"¿Quieren saber qué hay detrás de todos los casos de los que tanto hemos oído hablar en los últimos años? Alègre, Dutroux, Fourniret, las desapariciones de Yonne, y todos los demás de los que nunca oímos hablar... bueno, todos siguen el mismo patrón (...) El *asesino en serie* es una explicación muy conveniente, es el delator perfecto. ¡Es el loco que lo hizo todo! ¿Y eso por qué? Porque es un loco, sigue adelante, no hay nada que ver, no busques más. Sobre todo, no intenten seguirle la pista hasta nuestros Amos, que son los cerebros del Alègre, Fourniret y consortes, ¡que no son más que los ejecutores cincuentones, proveedores de carne fresca para sus veladas en el infierno! **Lo que se esconde detrás de este asunto es la protección política de que gozan los pedófilos y los secuestradores, hasta los más altos niveles del gobierno. Una lista de setenta y un jueces pedófilos, mantenida en secreto por la Cancillería, sigue disfrutando de esta protección hasta el día de hoy. Setenta y un jueces pedófilos, encubiertos y ¡aún en funciones! Incluso me atrevería a decir que están más encubiertos y siguen en sus cargos porque se han vuelto muy útiles. Ahora que tenemos un expediente sobre ellos y están en un asiento eyectable, harán exactamente lo que los que están en el poder les digan que hagan**.

El psicosociólogo y escritor **Christian Cotten** se entrevistó en varias ocasiones con los hijos del juez Pierre Roche. Charles-Louis y Diane le contaron detalladamente las declaraciones de su padre sobre este grupo sectario en la región de Toulouse;

declaraciones que Cotten ya había oído de boca de algunos policías:

"¿De qué hablan, en pocas palabras? Hablan de lo que algunos podrían llamar "prácticas satánicas"... Parece que su padre les contó que había participado en **ceremonias rituales, organizadas y estructuradas, dirigidas por lo que Charles-Louis llama "celebrantes". Se trata, pues, de algo parecido a prácticas "religiosas"**, en las que la gente parece reunirse para vivir una experiencia colectiva con prácticas de sexualidad en grupo (...) El problema empieza cuando nos hablan de torturas, de abusos diversos practicados a los participantes y, sobre todo, cuando nos dicen que un cierto número de estas ceremonias acaban con la muerte (...).) No se trata de personas de las que se podría pensar que padecen diversas patologías psiquiátricas... no, se trata de jueces, políticos, financieros, universitarios, hombres de los medios de comunicación... **En otras palabras, personas notables que se reúnen por apadrinamiento mutuo de generación en generación. Recuerdo haber oído lo mismo a policías jubilados que me contaron exactamente las mismas historias, explicándome que cierto número de políticos estaban vinculados a este tipo de sistema mafioso a través de prácticas sexuales colectivas que terminaban en asesinatos rituales...** Y, por desgracia, reconozco en los testimonios de

Charles-Louis y Diane exactamente lo que me contaron estos policías. Lo que realmente me inquieta del testimonio de Charles y Diane es que parece estar totalmente vinculado al asunto Allègre, ya que el entorno socioprofesional de su padre, el Sr. Pierre Roche. Encontramos los mismos nombres, los mismos magistrados (...) ¿Hace falta recordar que el asunto Alègre en Toulouse implicó 190 asesinatos sin resolver durante diez años, muchos de los cuales fueron disfrazados de falsos suicidios por los mismos "expertos" (médicos forenses), que podemos preguntarnos legítimamente si no formaban parte del grupo al que Pierre Roche dice haber pertenecido (...).) ¿Cómo es posible que en lo que llamamos una república democrática, un Estado de derecho, los sistemas institucionales puedan dar lugar a este tipo de prácticas? En realidad no tengo la respuesta a esa pregunta, sólo me lo pregunto...".

Es en los Grandes Misterios de las sociedades secretas contemporáneas donde encontramos las explicaciones de estas prácticas ritualizadas, criminales, extremas e irracionales...

El ex capitán de policía de Toulouse Alain Vidal, que llevó a cabo una investigación paralela sobre el asunto Alègre, informó: "Estas veladas tenían lugar en en los alrededores de Toulouse e incluso en establecimientos de los departamentos vecinos. Ni que decir tiene que no era cualquiera el que se reunía en esos lugares, sino personas relativamente acomodadas, como **directores de empresas (obras públicas, construcción, concesionarios de automóviles, abogados, políticos, cargos electos,**

médicos, notables de toda condición, , etc.). Uno de ellos, particularmente violento, solía disfrazarse de monje para satisfacer sus fantasías... **No olvido a algunos de mis antiguos colegas, o gendarmes, sin duda menos acomodados, pero que podían prestar algunos pequeños servicios...**

Según una anfitriona, a veces había hasta setenta personas por velada, preferiblemente con máscaras (pero en la oscuridad, las máscaras se caían solas), para que todo el "beau monde" pudiera reconocerse. Se decía incluso que cada participante pagaba la suma de 4.000 francos.

Otro grupo gnóstico para-masónico que ha sido acusado de prácticas **pedosatánicas y crímenes rituales** es el **Martinismo**, mencionado al principio de este documento. La doctrina martinista, establecida en particular por Martinès de Pasqually, es un esoterismo "cristiano" calificado de iluminista. **El Martinismo es una de las ramas místicas y espirituales de la Francmasonería.** Como estas dos órdenes tienen fundamentos comunes y un gran número de afiliaciones mutuas de sus miembros, podemos decir que están entrelazadas: la iniciación en una logia masónica es generalmente el primer paso antes de acceder a escuelas esotéricas como el Martinismo.

Véronique Liaigre es una de las víctimas de la red de pedofilia de Angers, un caso que saltó a los titulares en 2001. **Véronique declaró a los investigadores que sus padres la "alquilaban" a gente adinerada... También afirmó haber participado en abusos rituales satánicos en el seno de un grupo martinista...**

El 5 de julio de 2001, TF1 emitió un reportaje sobre este superviviente. He aquí algunos extractos:

Voz en off: Véronique tiene 20 años y ha vivido un infierno desde los 5 años. Violada y prostituida por sus padres, a los que denunció y que están a la espera de comparecer ante el Assize Court, ha conseguido escapar de los que ella llama sus verdugos. Su historia no es corriente, e incluso puede parecer inventada. Sin embargo, aunque es legítimo tener dudas, lo que esta joven nos contó y repitió espontáneamente es estremecedor. **Sobre todo cuando afirma, a pesar de las amenazas que según ella le hicieron, haber frecuentado una secta satanista, los Martinistas, y haber sido ella misma torturada y torturadora.**

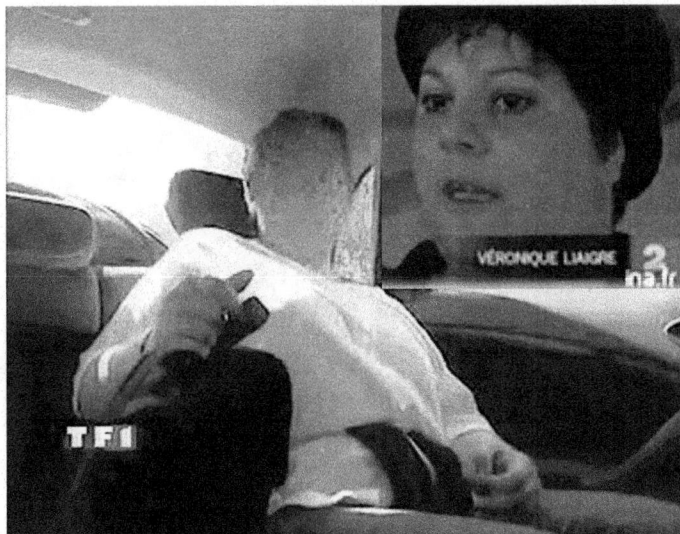

- Véronique Liaigre: **Nos pegan, nos meten objetos por los orificios, a veces sacrifican niños para dar gracias a Satán, hay muchas cosas así... Matan un animal, vierten la sangre sobre su cabeza y ponen el resto en una cúpula sobre el altar.**

- Periodista: ¿Así que, de hecho, tus padres, como todos los padres de estos niños de los que hablas, vendieron a sus hijos?

- VL: Exactamente, porque aporta un cierto porcentaje de dinero. **Un niño menor de 8 años vale 22.000 francos.**

- J : ¿De dónde vienen estos niños?

- VL : **Los niños sacrificados no son declarados, o son niños extranjeros.** Sobre todo cuando estuve en Agen, eran pequeños africanos, eran negros. También los vi en Jallais, y también en Nanterre, pero eran niños blancos, niños franceses, **pero eran niños nacidos de violaciones (...) que no habían sido declarados. Los parían en casa de los padres en condiciones espantosas (...)**

- J: No sólo formabas parte de la secta, sino que también participabas en esos rituales...

- VL: Sí. En 1994, **dos de mis amigos y yo tuvimos que sacrificar a un niño en Jallais a punta de pistola.** Y los tres tuvimos que matarlo... a punta de pistola, porque si no, nos habrían... lo habrían hecho de forma aún más violenta y nos habrían hecho aún más daño. Así que tuvimos que hacerlo...

- J: ¿Y quién te apuntaba con una pistola?

- VL: "bleep" **para el hombre a cargo del** "bleep" (...)

- J : Crees que todo esto es una especie de red, gente que se agarra un poco para no caerse...

- VL: Así es, y también es para protegernos, **porque dado que hay abogados implicados, es cierto que se armaría un poco de revuelo si la gente se enterara de que hay jueces y demás que forman parte de esta red.**

- Voz en off: **Véronique nos llevó a uno de los muchos lugares donde, según ella, se celebraban ceremonias satánicas los días 21 de cada mes.**

- VL (al pie de un edificio del centro de la ciudad, frente a una porte cochère): He estado aquí varias veces. Recuerdo bien una vez, en 1994, cuando **asistí a un ritual satánico que implicaba el asesinato de un niño.** Subimos al segundo piso. **Hubo violaciones, debía de haber 5 ó 6 niños, no era una reunión muy grande.** Hubo "bips" y "bips", **había mucha gente, entre ellos algunos notables cuyos nombres no necesariamente conozco.**

- J: Y usted mismo ha pasado por...

- VL : **Sí, estuve allí y sufrí... Mi padre estaba allí, pero mi madre no aquella vez.**

Para concluir este capítulo dedicado a los testimonios, he aquí un extracto del dossier "*Le protocole des ignobles en robes noires*" (*El protocolo de los despreciables con túnicas negras*) escrito por el antiguo gendarme **Christian Maillaud**, alias **Stan Maillaud**, que lleva más de quince años trabajando en la red de la delincuencia pedófila. Este hombre se encuentra ahora, en 2020, injustamente encarcelado por un sistema judicial que se ha quedado sin fuerzas...

La reproducción de los delincuentes pedófilos, generación tras generación

Existe un fenómeno que el "gran público" desconoce y que constituye el telón de fondo de las cuestiones que tratamos en este dossier. **Se trata del proceso de "iniciación a la pedofilia" que sufren innumerables niños en Francia y en todo el mundo. Como verán, este concepto explica por sí solo la *disfunción* crónica de nuestra institución judicial.**

Es en el marco de las "veladas especiales" donde el hijo de un "notable" se somete con toda seguridad a un proceso formal de "iniciación a la pedofilia". Hay muchos relatos de niños que son llevados por sus propios padres para "acudir" a estas veladas especiales, donde son violados y torturados regularmente en grupo. En la mayoría de los casos, el progenitor que inflige estos horrores a su propio hijo es un hombre, pero hay algunos casos en los que también puede ser la pareja, o sólo la madre. Es difícil imaginar a una mujer abusando sexualmente de niños, pero eso no significa que no ocurra. Según el alcance y la duración del tratamiento, la programación que se aplica a los niños mediante la violencia también se aplica a las niñas, que luego también se convierten en depredadoras cuando llegan a la edad adulta (...)

Así, los enfermos mentales que pertenecen a los círculos de "élite" son invitados a llevar a sus propios hijos a las sesiones para "prepararlos" a convertirse en los depredadores sumisos en los que la red quiere convertirlos, para mayor gloria de sus progenitores. Así, dependiendo de la "importancia", la logia y el rango de los "notables" en cuestión, estos niños pueden incluso someterse a la iniciación en el asesinato sacrificial por el que sus propios progenitores muy probablemente pasaron ellos mismos cuando eran niños, convirtiéndolos en lo que son hoy. En este caso, los desafortunados niños están destinados a oficiar en un nivel muy por encima de la media, probablemente en el plano político (...) Para comprender la magnitud del problema en "nuestra" sociedad, es esencial tener en cuenta que una víctima que no es rescatada la mayoría de las veces se convierte en verdugo por derecho propio.

El sufrimiento experimentado en los primeros años, tanto físico como psicológico, sólo puede tolerarse a largo plazo si el sujeto acaba por adherirse al tratamiento que se le inflige (a muy corto plazo, puede bastar con la mera ocultación de la realidad, aunque las repercusiones en términos de trastornos de la personalidad pueden no ser demasiado graves).

Este sufrimiento, nunca tratado, de un niño martirizado a largo plazo y nunca rescatado, quedará entonces enterrado en el subconsciente, con el mensaje de que seguir el juego del torturador era la única manera de sobrevivir a sus monstruosidades. En ese momento, el "sujeto" habrá sido invitado a pasar del papel de víctima al de verdugo, llegando a la indecible comprensión de que era la única manera de dejar de ser víctima.

Este proceso también recuerda al síndrome de Estocolmo, en el que el rehén acaba poniéndose del lado del secuestrador y adhiriéndose a su causa, tras el trauma que sufre, entre el terror y la impotencia. La noción de injusticia, por su parte, entra en el subconsciente del "sujeto" como una gran frustración, nunca reconocida conscientemente y, por tanto, nunca tratada. Esta noción nunca se habrá hecho consciente porque el "sujeto" habrá sido llevado a enterrarla en su subconsciente, ocultando también esta noción de injusticia y favoreciendo la única salida, que era convertirse él mismo en verdugo. No olvidemos que para soportar lo insoportable, el cerebro humano activa un proceso de negación y ocultación de la experiencia real, que conduce al desdoblamiento de la personalidad. Es muy fácil para los torturadores bien informados, como los vulgares rompe-víctimas de las redes de proxenetismo "clásicas", alcanzar el umbral de lo que su presa puede soportar, hasta el punto de que ésta activa de forma natural el proceso psicológico de "supervivencia" que la convierte en esclava incapaz de la más mínima rebelión.

Pero el sufrimiento sigue ahí, profundamente enterrado en el subconsciente de cada víctima rota. Este sufrimiento y estos sentimientos les invadirán durante el resto de sus vidas. Para absorber este sufrimiento y sus frustraciones inconscientes, el "sujeto" habrá sido inducido, alentado por sus torturadores a lo largo de los años, a desarrollar mecanismos que en el fondo ya son naturales, de transferencia sobre otros sujetos vulnerables. Este "sujeto" original, ya adulto, a falta de una terapia en profundidad, sigue por lo tanto haciendo frente a su propio sufrimiento mediante la agresión sexual, que la mayoría de las veces reproduce sobre sus propios hijos.

Porque si la propia ex-víctima fue maltratada de niña por sus propios padres, su propia descendencia es precisamente lo que le permite hacer esta transferencia, esta forma de "exorcismo" del sufrimiento que ha experimentado. Estos procesos psíquicos han sido ampliamente estudiados y descifrados durante siglos por quienes desean controlar a la humanidad. Al mismo tiempo, el lavado de cerebro y la manipulación mental aplicados en reuniones de sociedades secretas como la masonería, a ciertos niveles, difunden la creencia de que la práctica de este tipo de "magia sexual", aplicada incluso a los propios hijos, es lo que permite al iniciado exaltar su potencial de dominación, al tiempo que prepara a las generaciones futuras -su progenie- para seguir este camino de "elegido".

Este desafortunado vástago está programado para convertirse en la élite del mañana, perfectamente trastornado psicológicamente, un auténtico "Dr. Jekyll y Mr Hyde".

Esto permite a los notables en cuestión, los criminales pedófilos de la pseudo-élite y sus redes de influencia, tranquilizar a la opinión pública, a la que se ha manipulado haciéndole creer que no existe ninguna red pedófila más que criminales aislados, especímenes monstruosos de las "clases bajas". Pero, si se puede evitar el problema -o si no se trata en realidad de una campaña de comunicación organizada por la farsa política y judicial-, el criminal en cuestión será protegido de buen grado por lo que parece ser el brazo armado de la red: ¡la justicia!

Existe otro patrón muy extendido en la actualidad: el delincuente con el que usted, como padre protector, puede estar tratando pertenece a círculos de influencia como el rosacrucismo o la masonería, de los que obtiene su impunidad. Detrás de las sociedades secretas de este tipo, encontramos todo un proceso de cooptación e iniciación ritual, que deriva gradual y formalmente hacia el satanismo. Más allá del decimoctavo grado en la masonería, los rituales se vuelven cada vez más odiosos, llegando hasta el sacrificio de niños.

Obviamente, la gran mayoría de las personas cooptadas en estas sociedades secretas no tienen ninguna duda inicial de que el crimen organizado y el satanismo están implicados. Se les presenta como todo lo contrario y, en el colmo del maquiavelismo, se habla de filantropía y caridad. Sólo subiendo la escalera, con el tiempo, un masón se dará cuenta de a qué pertenece realmente. Mientras tanto, se habrá visto profundamente comprometido, y habrá probado los frutos envenenados del libertinaje y del poder, del crimen impune, de ese sentimiento exclusivo de estar por encima de la ley y de las "masas incultas y estúpidas" (...) antes de llegar a ese punto, los miembros son insidiosamente orientados hacia las prácticas sexuales en grupo, las orgías tan "de moda" y abiertamente aplaudidas por la farsa política que nos habla de "liberalismo". Las orgías se han convertido en la forma de diversión preferida de los "notables". Más allá de la "velada alegre", los sujetos implicados se deslizan imperceptiblemente hacia la magia sexual, muy apreciada en el satanismo.

Para aquellos que, ingenuamente, pensaban que sólo se divertían con amigos de la "alta sociedad", en un momento dado, todo cambia. Para los iniciados bien informados en estas alegres fiestas, la expresión de su poder es tanto más exaltada cuanto que inocentes víctimas prepúberes sufren los efectos de sus impulsos, con la perfecta impunidad que les reserva su estatus... La violación de los puros e inocentes, con su sacrificio, es la expresión constante de la dominación de los demás, así como un soporte esencial del ritual satánico. Cuanto más atroz es el crimen, mayor es la sensación de impunidad que se le asocia, dando al autor una sensación de poder supremo, y, si es necesario, un poco de cocaína elimina cualquier capacidad de recomponerse.

Si todos se agarran de los... bigotes de los demás, en este tipo de círculo privado se desarrolla rápidamente en los miembros gravemente comprometidos un gusto por el poder malsano sobre los demás y el libertinaje. Eligen ver sólo el "lado bueno" de la situación, sumergiéndose en cuerpo y alma en el abismo en el que se sumergen a medida que pasan por las filas y se someten a rituales de iniciación. Las pseudo-élites en cuestión, según su logia y su rango, llegan a apreciar fiestas privadas en las que los niños son violados colectivamente, algunos incluso torturados, a veces hasta la muerte sacrificial (...) **Nuestra investigación en curso sobre esta extensión del tema que nos ocupa intenta actualmente demostrar que estas prácticas están muy extendidas en toda Francia, siguiendo el ejemplo de Bélgica, al igual que el satanismo, y siempre, conviene precisarlo, a nivel de los llamados círculos de poder...**

El emblema del Rito Escocés representa perfectamente esta noción de dualidad, de doble personalidad, mediante la representación de un águila bicéfala...

L'aigle à deux têtes, emblème du Rite Écossais Ancien et Accepté, figure sur cette bannière de l'orient de Valenciennes.

Como Jano, el antiguo dios romano de dos caras, querido por los masones...

Los hijos de la viuda y la esquizofrenia

La psiquiatría, y la esquizofrenia en particular, parecen interesar mucho a *los Hijos de la Viuda...*

En 1934, en Estados Unidos, el Rito Escocés de la Masonería se unió a la Fundación Rockefeller para financiar la psiquiatría genética e inauguró un programa de investigación sobre la esquizofrenia. Desde que el *Scottish Rite Schizophrenia Research Program (SRSRP)* se creó como fundación benéfica, la financiación no ha dejado de aumentar gracias a las aportaciones de los miembros de la fraternidad masónica. Desde 1934, se han destinado más de 6 millones de dólares a este

programa de investigación sobre la esquizofrenia . El objetivo oficial del programa es avanzar en la comprensión de la naturaleza y las causas de la esquizofrenia... El SRSRP tenía su sede en el Hospital de Santa Isabel, Washington DC, en aquella época, bajo la dirección del Dr. Winfred Overholser, masón y miembro destacado de la Asociación Psiquiátrica Americana y vinculado a los experimentos de control mental del ejército estadounidense. Más tarde se supo que el St Elizabeth's Hospital había albergado experimentos de control mental de la CIA (MK-Ultra).

Las donaciones de la masonería para el estudio de estos trastornos mentales se destinaron a proyectos claramente definidos (orientación), más que a un apoyo global a la investigación. Uno de estos proyectos consistió en financiar al psiquiatra eugenista Franz J. Kallmann para que realizara un estudio de 1.000 casos de esquizofrenia, con el objetivo de poner de relieve el factor hereditario de este trastorno. El estudio de Kallmann se publicó simultáneamente en Estados Unidos y en la Alemania nazi en 1938. Incluso hoy en día, algunos especialistas como el Dr. Kenneth Kendler (que también ha recibido apoyo financiero del Scottish Rite/SRSRP) publican estudios que afirman que la esquizofrenia es de origen genético, eliminando así la cuestión de los trastornos disociativos y los orígenes traumáticos.

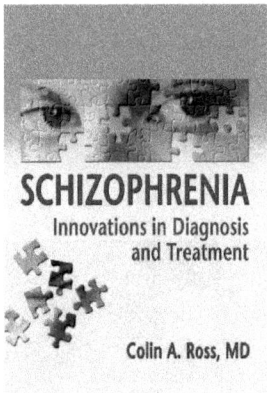

SCHIZOPHRENIA
Innovations in Diagnosis
and Treatment

Colin A. Ross, MD

El Dr. Colin Ross refuta el origen puramente genético y denuncia la deshonestidad de estos estudios supuestamente "científicos". Especialista en trastornos disociativos, Colin Ross afirma que muchos pacientes que padecen "esquizofrenia" presentan síntomas estrechamente relacionados con el trastorno de identidad disociativo. Pacientes que además tienen antecedentes de traumas psicológicos. Al afirmar que la esquizofrenia tiene una causa principalmente genética descarta cualquier causa ambiental, en particular los traumatismos graves en la primera infancia...

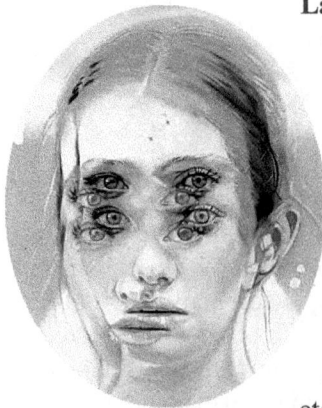

La esquizofrenia es ahora una especie de cajón de sastre que enmascara la realidad del trastorno de identidad disociativo. Los siguientes síntomas suelen diagnosticarse erróneamente como *esquizofrenia*: amnesia disociativa, despersonalización, presencia de varias personalidades/identidades distintas, alucinaciones auditivas, etc.

En cuanto a las "alucinaciones auditivas" o "voces en la cabeza" -que es un síntoma considerado sistemáticamente como "esquizofrenia"-, puede tratarse de un caso de doble personalidad (T.D.I.) y de diálogo interno con personalidades alteradas. En la edición de 1994 del DSM, los síntomas de voces que hablan entre sí o que comentan sistemáticamente el comportamiento de la persona se consideraban "esquizofrénicos". Muchos psicoterapeutas que trabajan con pacientes con TID han descubierto que el fenómeno de las "voces en la cabeza" es frecuente en personas con una larga historia de traumas. Cada vez más estudios parecen estar estableciendo el vínculo entre la disociación y estas "alucinaciones auditivas". Algunos estudios se han centrado exclusivamente en esta cuestión, como *"Abuse and dysfunctional affiliations in childhood: An exploration of their impact on voice-hearer's appraisals of power and expressed emotion"*, de Charlotte Connor y Max Birchwood, o *"Exploring the experience of hearing voices: A qualitative study"*, de Vasiliki Fenekou y Eugenie Georgaca.

Para ilustrar el vínculo entre *"voces en la cabeza"*, TID y trauma, volvamos al testimonio de la múltiple Régina Louf (caso Dutroux): *"Siempre había sido así. En Knokke, en casa de mi abuela,* **los adultos se dieron cuenta de que hablaba con las voces de mi cabeza, que cambiaba de humor rápidamente o incluso que empezaba a hablar con una voz o un acento diferentes.** *Aunque solo tenía 5 o 6 años, comprendí que algo así era extraño y no estaba permitido.* **Aprendí a ocultar mis voces, mis otros yo.** *Después de lo que le había pasado a Clo, las voces y la extraña sensación de que a veces me guiaban voces interiores se hicieron más fuertes. Después de la iniciación, ya no pude resistirme a las voces.* **Era feliz desapareciendo en la**

nada, y sólo recuperaba la conciencia cuando Tony estaba allí. El dolor parecía más soportable.

A nivel fenomenológico, existe un solapamiento significativo entre los síntomas de los trastornos disociativos (en particular el T.D.I.) y la esquizofrenia. **Un estudio demostró que en un grupo de pacientes diagnosticados de esquizofrenia por un psiquiatra o un psicólogo, a los que se les realiza una entrevista estandarizada relativa a los síntomas disociativos, entre el 35 y el 40% de estos pacientes, que se suponía que eran esquizofrénicos, salían con un diagnóstico de trastorno de identidad disociativo. Por el contrario, en un grupo de pacientes diagnosticados de T.I.D. a los que se les hace una entrevista relacionada con síntomas esquizofrénicos, dos tercios salen con un diagnóstico de esquizofrenia.**

Un grupo de 236 pacientes con D.I.P. mostró que el 40,8% tenía un diagnóstico previo de esquizofrenia ("*Multiple personality disorder patients with a prior diagnosis of schizophrenia*" - Colin Ross, G. Ron Norton, Journal "Dissociation", Vol.1 N°2, 06/1988).

En un estudio titulado "*Disociación y esquizofrenia*", publicado en 2004 en la revista *Trauma and Dissociation*, los doctores Colin Ross y Benjamin Keyes evaluaron los síntomas disociativos en un grupo de 60 individuos tratados por esquizofrenia. Descubrieron que 36 sujetos mostraban rasgos disociativos significativos, es decir, el 60% de su muestra. Estos síntomas disociativos iban acompañados de un alto índice de traumas infantiles, así como de trastornos importantes como depresión, Trastorno *Límite de* la Personalidad y D.I.D..

Tanto en el caso del T.I.D. como en el de la esquizofrenia, la disociación es una característica subyacente, al igual que el origen traumático de estos trastornos de la personalidad.

A pesar de los estudios que han demostrado claramente la relación entre los trastornos psicóticos, los trastornos disociativos y los traumatismos, se ha producido un fuerte descenso en el uso del diagnóstico de trastornos disociativos. **Este declive puede explicarse, en particular, por la introducción del término *"esquizofrenia"* para describir a los pacientes que presentan este tipo de síntomas.** Entre 1911 y 1927, el número de casos notificados de trastorno de personalidad múltiple, ahora conocido como trastorno de identidad disociativo, se redujo casi a la mitad tras la sustitución del término *"Demencia Precoz"* por *"Esquizofrenia"* por el psiquiatra suizo Eugen Bleuler.

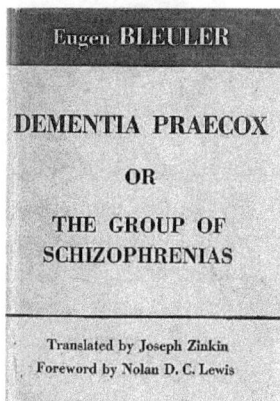

Eugen BLEULER

DEMENTIA PRAECOX

OR

THE GROUP OF SCHIZOPHRENIAS

Translated by Joseph Zinkin
Foreword by Nolan D. C. Lewis

El Dr. Rosenbaum lo explica detalladamente en su artículo "*El papel del término* **esquizofrenia** *en el declive de los* **diagnósticos** *de personalidad múltiple*".

Fritz Springmeier sostiene que decenas de miles de individuos hospitalizados en pabellones psiquiátricos por "*esquizofrenia*" son programadores múltiples: víctimas que han desarrollado un trastorno de identidad como resultado de protocolos de control mental basados en traumas. Describir a estos individuos (las *mariposas rotas*) como "*esquizofrénicos paranoides*" es socavar su credibilidad. Esto permitiría deshacerse de ellos discretamente enterrándolos en el electroshock y la química de los institutos psiquiátricos.

En los casos de redes de pedocriminalidad en los que las víctimas están muy disociadas por traumas extremos, nos encontramos con que muy a menudo se desacredita su palabra a causa de su salud mental... Se trata de un punto crucial en el que se basan los autores para descartar los testimonios perturbadores: las víctimas están evidentemente disociadas por traumas repetitivos y, por tanto, se pone de relieve este estado psicológico "defectuoso" para anular su testimonio.... Se trata de una inversión malsana que ignora el fenómeno de causa y efecto: **un testigo que sufre trastornos disociativos graves debe haber sufrido un trauma...**

Aquí es donde entra en juego el control de la información, es decir, asegurarse de que la investigación sobre los trastornos disociativos salga al dominio público lo menos posible. Se ha hecho todo lo posible para evitar relacionar los trastornos disociativos con el trauma, aparte de simplemente ignorar la realidad del fenómeno de la disociación y sus consecuencias psicológicas... para sustituirlo por un término comodín que provoca ansiedad:

ESQUIZOFRENIA.

Durante más de 80 años, la masonería ha invertido millones en la investigación de la "*Demencia Precoz*", o "*Esquizofrenia*", que como acabamos de ver es muy a menudo causada por graves trastornos disociativos resultantes de un trauma - ¿y cuáles son los resultados terapéuticos? - Hoy en día, los pacientes diagnosticados de "esquizofrenia" son medicados químicamente en beneficio de los laboratorios farmacéuticos.

Una de las consecuencias negativas de estos diagnósticos erróneos es que el tratamiento administrado para la "esquizofrenia" se basará principalmente en medicación pesada, adictiva e incluso peligrosa... Mientras que en la terapia I.D.D., el tratamiento con medicación es algo secundario; la química puede utilizarse para tratar la comorbilidad, pero no es terapéutica en sentido estricto. **El establishment psiquiátrico parece tener pocas ganas de ayudar realmente a las víctimas y supervivientes de traumas, descuidando o ignorando por completo el tema de la psico-traumatología y los fenómenos disociativos.**

El poder de decisión de las Altas Logias masónicas no tiene nada que ver con el bienestar de los "esquizofrénicos"... Por otra parte, cuando nos damos cuenta de que la "esquizofrenia" está vinculada de muchas maneras al trastorno de personalidad múltiple o al trastorno de identidad disociativo, o incluso a la posesión demoníaca, que padecen la mayoría de los supervivientes de abusos rituales y control mental, empezamos a comprender el interés del lobby masónico en invertir en este campo para controlar y dirigir la investigación en este ámbito... en particular la que descarta el diagnóstico de D.I.D. en favor de una "esquizofrenia catch-all".El diagnóstico de D.I.D. a favor de una "esquizofrenia cajón de sastre" y cualquier origen traumático a favor de un origen puramente genético. Es más, una víctima disociada por rituales traumáticos y posteriormente diagnosticada erróneamente como "esquizofrénica" verá sus palabras rechazadas y reducidas a la nada, porque se consideran *delirios psicóticos* (una bendición para los agresores)... Mientras que los trastornos disociativos que padece deberían ser, por el contrario, un fuerte indicador de su experiencia traumática y de la importancia de su historia.

Kathleen Sullivan, superviviente de abusos rituales que desarrolló un trastorno de identidad disociativo, escribe en su autobiografía: "*Sentí desesperación cuando recordé lo que el abuelo siempre me decía antes de dejarme sola en aquella habitación: que nadie me creería si hablaba, porque el médico había escrito en mi expediente que era esquizofrénica. El abuelo me recordaba a menudo que "nadie cree a los esquizofrénicos, todo el mundo sabe que están locos*".
(*Unshackled: a survivor's story of mind* control - Kathleen Sullivan, 2003)

Así pues, existe una guerra de la comunicación, o más bien una "*guerra de la memoria*", en lo que se refiere a la investigación científica sobre el funcionamiento del cerebro ante los traumatismos. **Como resultado, se está produciendo una desinformación y una ocultación de información para evitar** que estos estudios se difundan ampliamente y se enseñen en las facultades de medicina, lo que podría tener un gran impacto en los tribunales para defender a las víctimas -desvinculadas- de estas redes pedocriminales...

La caja de Pandora del abuso ritual y el control mental basado en el trauma, es decir, el proceso neurológico de la disociación y la amnesia traumática, está cubierta por un manto de secretismo. Enseñar el funcionamiento científico de la disociación, los muros amnésicos y el desdoblamiento de la personalidad en las facultades de medicina equivaldría a revelar pública y académicamente conocimientos del ocultismo más profundo (conocimientos reservados a los altos iniciados de las sociedades secretas). Estos conocimientos, sin embargo, son ancestrales y son utilizados hoy de forma sistemática y malintencionada por

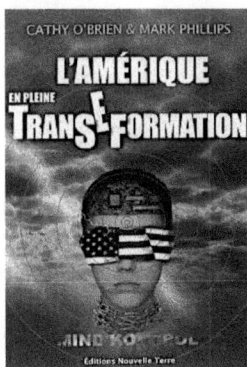

determinados grupos de poder. El proceso por el que los esclavos funcionan bajo programación mental no debe llegar a la esfera pública y profana...

La mayoría de los estudiantes de psicología y psiquiatría no creen que tal control mental sea posible. Y ello por la buena razón de que desconocen el concepto básico que subyace al control mental basado en el trauma, es decir, el T.P.M., un trastorno de personalidad múltiple con amnesia, esencial para que un humano pueda trabajar como un robot en operaciones clandestinas... o no.

"Hasta la fecha, ni la Asociación Americana de Psiquiatría ni la Asociación Americana de Psicología han publicado un modelo para el desarrollo de un protocolo terapéutico eficaz para los trastornos disociativos (considerados el resultado de traumas repetidos). Varios factores dificultan el desarrollo de un modelo de este tipo. El primero de estos factores se refiere al secretismo que la Seguridad Nacional aplica a la investigación clasificada sobre control mental. En el clima actual, remitir a las víctimas del control mental a profesionales de la psiquiatría para que reciban tratamiento sería como remitir a un paciente que necesita cirugía de urgencia a un cirujano al que le han vendado los ojos y esposado (...) Lo que podría permitirnos sentar las bases de una explicación sería identificar "¿quién? "Si da el siguiente paso y coge un ejemplar de la obra del profesor de la facultad *Oxford's Companion To The Mind* (Oxford Press, 1987), podrá encontrar casi todo sobre la investigación de la mente sin la menor referencia al control mental. Tal vez ahora pueda ver a través de las omisiones de Random House, Webster y otras Oxford Press, que usted es víctima del control de la información."

Conclusión

Este dossier sobre Masonería y Esquizofrenia plantea algunas cuestiones legítimas e inquietantes. En primer lugar, sobre los lejanos orígenes de la Masonería, que, según algunos escritos de altos grados de la FM, se remontan a las antiguas religiones de Misterios. Como hemos visto, las prácticas paganas de algunas de estas religiones de Misterios incluían traumáticos rituales de iniciación, pero también un cierto culto a la fertilidad que implicaba prácticas orgiásticas, sacrificios de sangre e incluso el bautismo de sangre en el culto de Mitra, que es similar en muchos aspectos a la masonería moderna. Este es un punto de partida para comprender algunos de los relatos de víctimas y supervivientes de abusos rituales, porque a primera vista pueden parecer fantasiosos e inventados.

Todas estas presuntas víctimas describen haber sido sometidas a las mismas prácticas rituales traumáticas destinadas a lograr estados disociativos con fines de control mental...

Observamos que la masonería es un factor común en muchos de estos testimonios... ¿Qué interés tendrían estos supervivientes, dispersos por todo el mundo, en precisar que sus agresores eran masones? ¿Cómo es posible que los mismos métodos de tortura y de programación mental sean descritos por víctimas que no se conocían? ¿Cómo pueden inventarse tales cosas?

Observamos que la estadounidense Jeanette Westbrook -hija de un masón de alto rango- describe exactamente el mismo protocolo de control mental que la testigo X1 del caso **Dutroux**, Régina Louf: **es decir, el cultivo y mantenimiento del trastorno de identidad disociativo (y sus muros amnésicos), resultante del incesto y la tortura, con fines de control mental**

y explotación sexual. Esto es también lo que describió la superviviente estadounidense Cathy O'Brien, autora del libro *"America in the midst of Transformation"*, que fue esclavizada sexualmente en altos círculos políticos debido a su trastorno de identidad disociativo causado por el incesto paterno.

Observamos que el testimonio de Samir Aouchiche sobre una ceremonia pedo-satánica de la cripto-masónica Amanecer Dorado coincide totalmente con el testimonio del juez Pierre Roche sobre las motivaciones "filosóficas" de estas sectas pederastas:

Aouchiche recoge las palabras del maestro de ceremonias: *"A través de nuestra sexualidad, liberados por fin del yugo de nuestros opresores judeocristianos, nos purificamos (...) El sexo y todos los placeres de nuestros sentidos son la única ley a satisfacer".*

Esto se corresponde perfectamente con lo que dice Charles-Louis Roche sobre la sociedad secreta a la que pertenecía su padre: *"En este grupo, se les dice que todas las reglas que se les han metido en la cabeza desde el principio, ya sea en la escuela, en la sociedad, etc., son limitaciones a su libertad, que les impiden alcanzar la quintaesencia del género humano, y que por tanto deben rechazar todas las reglas, empezando por las leyes, la moral y la decencia. Es necesario transgredir esas normas, violar, a veces literalmente, todos los tabúes para romper esa especie de cerrojos que nos han metido en la cabeza desde la infancia. Así es como empezamos con la violación y la tortura, y acabamos con el asesinato...".*

Como hemos visto, estas sociedades secretas operan con un sistema de dualidad, o pluralidad, que sirve para ocultar su naturaleza profunda... Por un lado a todos los profanos, pero también y sobre todo para ocultar sus prácticas altamente inmorales, incluso criminales, a las almas seducidas y recién iniciadas - en *fraternal jovialidad*. Por lo tanto, el adepto debe ser modelado y transformado gradualmente a la manera de la *arcilla de modelar*. **Es un proceso de** *"fregado espiritual"*

destinado a derribar una a una todas las barreras morales de
. Este "lavado" gradual es necesario para derribar *los tabúes* que se interponen en la búsqueda del *conocimiento y el despertar espiritual*. A medida que avanza la iniciación, el adepto se va apartando de su verdadera brújula moral. **Así es como se instaura un relativismo absoluto que acaba por eliminar toda noción del Bien o del Mal,** por lo que deben utilizarse velos sutiles y múltiples mistificaciones doctrinales e intelectuales para ocultar el "santo de los santos" a aquellos que aún no son capaces de integrar el *mensaje final* de esta "revelación". Este proceso morboso (o contrainiciático) se simplifica enormemente cuando el individuo ya es miembro de la "Familia"; entonces habrá sido sometido desde su más tierna infancia a protocolos traumáticos extremos destinados, por una parte, a desarrollar los estados disociativos necesarios para la programación mental y, por otra, a suprimir cualquier noción de compasión que pudiera obstaculizar su ascenso en la escala social. En las altas esferas de las sociedades secretas, la escisión de la personalidad de los niños mediante rituales *de iniciación* traumáticos es sistemática. Ya se trate de grupos mafiosos, religiosos, políticos o militares (todos bajo el paraguas de las cofradías iniciáticas), de manera general e internacional, todos saben que la disociación, la fragmentación de la personalidad, es la clave del secreto y del poder; pero también una clave para obtener ciertos individuos hipercreativos con cocientes de inteligencia muy elevados.

Es un círculo vicioso para estos individuos, que fueron sometidos al *molino psíquico* en su primera infancia, porque si no se liberan de estas esferas de influencia, reproducirán estos patrones en sus propios descendientes, que están sujetos a la Logia. Es un círculo vicioso para las familias sumidas en el ocultismo y los estados disociativos. Por eso es imperativo exponer estas prácticas a la luz del *mundo profano*, para cortar el mal de raíz y evitar que se desarrolle.

Esta filosofía destructiva de alcanzar la "**redención a través del pecado**", o la "**santidad a través del mal**", **tiene como objetivo la inversión sistemática de los valores morales, donde el mal se convierte en bien y el bien en mal**. En su libro titulado "*Le*

Messie Militant", Arthur Mandel define así esta noción de "redención por el pecado*"*: "*No es otra cosa que la vieja idea paulino-gnóstica de felix culpa, el santo pecado del camino hacia Dios que pasa por el pecado, el perverso deseo de combatir el mal con el mal, de librarse del pecado pecando"*.

Esta oscura doctrina se propaga en gran medida mediante la infiltración y la subversión de las religiones, pero también de las instituciones que trabajan entre bastidores de los gobiernos y tras las fachadas democráticas.

El criminólogo australiano Michael Salter, autor del libro "*Organised Sexual Abuse*", describe así estas nociones de infiltración e inversión sistemáticas: "*Los supervivientes han descrito cómo estas familias y grupos que practican el abuso ritual se solapan con instituciones religiosas u organizaciones fraternales (...) En sus prácticas de abuso ritual, estas personas parecen adoptar e invertir los rituales tradicionales de las grandes organizaciones en las que se han infiltrado. Los supervivientes describen haber vivido en "dos mundos" cuando eran niños: instituciones e ideologías religiosas y fraternales benévolas, por un lado, enredadas con rituales desviados y sádicos, por otro*". ("*The Role of Ritual in the Organised Abuse of Children*", 2012 - Michael Salter)

Cuando se trata de infiltración y doble juego, ahí están el **Frankismo** y el **Sabbataoísmo**, una degeneración satánica del Judaísmo y la Cábala, fundada por los autoproclamados 'Mesías' Sabbatai Tsevi (siglo XVII) y Jacob Frank (siglo XVIII). *El Sabbatao-Frankismo* puede considerarse un antepasado cercano de los Illuminati bávaros, entre otros... En sentido estricto, no existe ningún culto Frankista o Sabbataista, ya que se trata de una doctrina y filosofía clandestina propagada por la infiltración y la subversión.

En su libro "*Jacob Frank, el falso Mesías*", Charles Novak escribe sobre el Frankismo: "*Así, mientras que el judaísmo predica la virginidad, la fidelidad y el amor, Sabbataï y sus sucesores como Jacob Frank predican el sexo desde una edad temprana para las chicas jóvenes, orgías sexuales para los chicos jóvenes e intercambio de esposas en Shabat. Hasta el punto de que algunos niños Frankistas no conocen a su verdadero padre biológico. En enero de 1756, Jacobo y sus seguidores fueron sorprendidos en medio de un shabat orgiástico en la ciudad de Landskron y, a petición de los rabinos, fueron expulsados de la ciudad por orgías. Una mujer permanecía desnuda en el centro mientras los seguidores masculinos cantaban la oración judía del Shabat (...) Luego se abalanzaban sobre ella, convirtiendo el ritual en una orgía colectiva. Los ritos sexuales frankistas consistían entonces en cantos, danzas extáticas, mezcla de hombres y mujeres (...) los hombres y las mujeres se desnudaban y comenzaba la orgía colectiva, la desnudez recordaba a la de Adán y Eva antes de la caída (...) Los frankistas eran conocidos por sus orgías sexuales colectivas, a veces violentas. Este comportamiento nihilista, en el que el 9 de abril se convertía en una fiesta de júbilo, desembocaba en el intercambio de mujeres, cuyo objetivo era destruir todo dogma...*

Aquí encontramos las orgías sagradas practicadas en las antiguas religiones conocidas como "Misterios", como el culto a Dioniso/Baco, el culto fálico vinculado a la fertilidad, al igual que el culto shivaico en la India o el culto a Osiris en el antiguo Egipto con sus obeliscos que simbolizan el falo.

———————

Es legítimo pensar que tales horrores, practicados a tan gran escala, no pueden permanecer al abrigo de los periodistas, de las investigaciones policiales y de los tribunales... Hay que comprender que el poder judicial y las fuerzas del orden están organizados en estratos jerárquicos, y es aquí donde entran en juego *las injerencias* masónicas cuando se trata de arrojar luz sobre tal o cual caso, en particular en los casos que implican a redes pedocriminales. En ciertos niveles de la jerarquía, las protecciones institucionales son automáticas y máximas mientras estos peones estén sometidos al dictado de sus propios vicios (sostenidos por expedientes comprometedores)...

Los periodistas, por su parte, han comprendido que este ámbito de investigación es muy arriesgado y ha sido vetado por las grandes redacciones durante los últimos quince años. El explosivo documental de France 3 *"Viols d'enfants: la fin du silence"* *("Violaciones de niños: el fin del silencio")* relataba los testimonios de Pierre y Marie, dos niños que describían cómo habían participado supuestamente en ceremonias pedosatánicas de sacrificio ritual de niños en una estructura subterránea de la región de París. Fue en esta ocasión cuando la ex fiscal adjunta de Bobigny, Martine Bouillon, declaró en el programa de Élise Lucet que tenía conocimiento de fosas comunes de niños descubiertas en la región parisina... sin poder decir más a causa de la investigación en curso.

Martine Bouillon fue sancionada por sus superiores al día siguiente. Fue destituida por el magistrado superior Michel Joubrel... quien más tarde fue él mismo acusado de posesión de pornografía infantil, incluidas fotos de bebés menores de 2 años, según los investigadores...

Muchos periodistas conocen la existencia de estas redes ultraviolentas, y saben perfectamente que tienen todas las de perder (su vida social, su vida profesional, incluso su propia vida) si atacan algo así. Otros ciertamente lo niegan, lo que les facilita la vida... Sobre todo porque hoy, en la era del ateísmo y del relativismo generalizado, la cuestión del pedosatanismo es, para muchos, una *teoría conspirativa* del tipo *caza de brujas*.

A partir de ahí, descartan de plano este tipo de casos, aunque haya mucho que investigar.

Desde el punto de vista político y mediático, las redes de pornografía infantil no existen... En Internet sólo hay "depredadores aislados" o "consumidores de imágenes"... En cuanto a las redes que producen pornografía infantil, ¡nunca se les molesta!

Lo primero que debe hacer el valiente recién llegado al tema es empezar por estudiar el caso de manual del asunto Dutroux en

Bélgica. Allí encontraremos la corrupción institucional (policial y judicial), la cuestión de la red, las prácticas *satánicas* en las altas esferas de la sociedad (con los testigos X), el control mental basado en el trauma (con Régina Louf), y también el papel de los grandes medios de comunicación, que interpretaron todos a coro la misma partitura: la versión -oficial- del depredador aislado, desestimando vergonzosamente la versión, por evidente que sea, de una vasta red en la que participan *peces gordos*...

Está claro que la crudeza y el horror de un tema tan repulsivo provoca el primer y natural reflejo del individuo, que es el rechazo y la negación... Esto no facilita el progreso en términos de investigación, justicia y ayuda a las víctimas.

Ante tales horrores que cuestionan todo un paradigma social, muchas personas prefieren hacer la vista gorda, incluso cuando las pruebas están ahí...

La doctora Petra Murkel describió bien este fenómeno en el programa Xenius de Arte:

"Queremos oír historias claras y verosímiles, pero la verdad suele ser un obstáculo. Puede parecer demasiado complicada, o no corresponder a nuestros valores morales o simplemente a nuestras expectativas. Nos mentimos a nosotros mismos... La verdad puede ser una fuente de desesperación, mientras que una mentira puede arrastrarnos durante mucho tiempo". Los investigadores también han demostrado que la automanipulación inteligente es esencial para la alegría de vivir: nos da sentido y estructura. Desde un punto de vista evolutivo, esto es obviamente una ventaja, porque una mentira para toda la vida nos da fuerza durante mucho tiempo.

Anexo 1

Jung y Mozart: ¿dos infancias iniciadas en rituales traumáticos?

La iluminación no consiste en percibir formas luminosas o visiones, sino en hacer visible la oscuridad... C.G. Yung

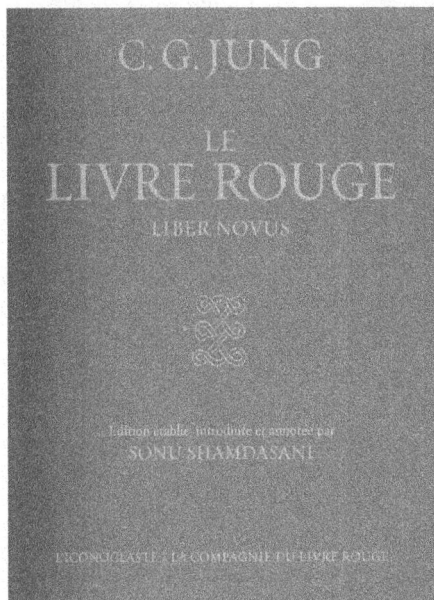

En su libro *Answer to Jung: Making sense of the Red Book*, Lynn Brunet sostiene que la famosa obra mística de Carl Gustav Jung, sobriamente titulada *"El Libro Rojo"*, contiene numerosas referencias al simbolismo masónico de los altos grados, principalmente del Rito Escocés. Escrita entre 1914 y 1930, pero publicada por primera vez en 2009, está considerada una de las obras mayores de la psicología. En ella, Jung registró sus sueños y fantasías durante un período de confrontación con el inconsciente, cuando creía literalmente que se estaba volviendo loco, en un estado *esquizofrénico* decía... Con textos caligráficos, imágenes, pinturas, mandalas y una asombrosa riqueza de personajes imaginarios y mitología, el Libro Rojo narra la historia de un hombre que **debe redescubrir su mito y que parte en busca de su alma perdida.**

La filósofa Françoise Bonardel dice lo siguiente sobre el Libro Rojo: "*Lo que Jung describe aquí es un viaje iniciático... Un día comienza a tener visiones, una especie de revelaciones, y aparecen figuras que le hablan. Describe este viaje a las profundidades de su inconsciente con secuencias extremadamente violentas, ¡que se asemejan a un escenario de matanza iniciática! Sobre todo cuando desciende a las profundidades y casi se ahoga en una especie de lago de sangre (...) Es todo un descenso a los infiernos, pasa por muchas cosas (...) Es el ejemplo mismo de un viaje iniciático y de una iniciación salvaje, llevada a cabo por alguien que, sin embargo, ha sabido mantener el rumbo y no hundirse en la locura*".* (Le Livre Rouge, un voyage initiatique - BaglisTV)

Lynn Brunet señala en el prefacio de su libro: "A través de mis propios recuerdos de iniciación en la infancia y de mi investigación sobre el abuso ritual masónico, rápidamente establecí paralelismos entre los escritos de Jung y las ordalías de iniciación. Fue entonces muy revelador cuando leí *Recuerdos, Sueños, Reflexiones* y descubrí que **su abuelo paterno era masón, Venerable Maestro de la Logia de Basilea (...) Esto plantea la posibilidad de que Jung pudiera ser otra víctima más del abuso ritual masónico. Mi pregunta en este estudio es la siguiente: ¿Podría ser El Libro Rojo un relato detallado de una serie de memorias, aunque extremadamente confusas**

y confusas, sobre iniciaciones sufridas de niño y encontradas en relatos contemporáneos de abusos rituales?

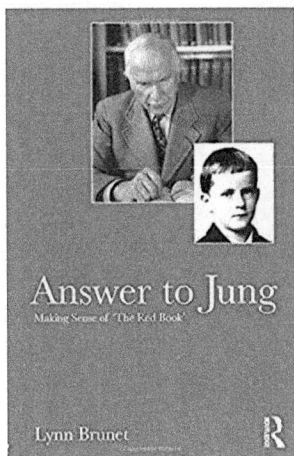

En una conferencia titulada *"Carl Gustav Jung y la masonería"*, el poeta, escritor y editor Jean-Luc Maxence nos cuenta que el padre de Jung, un modesto pastor, también era masón: *"¿Puede decirse realmente que Jung estuvo muy influido por la masonería desde una edad temprana, y que incluso estableció los principales conceptos de su clínica, la psicología profunda, todos habitados, conscientemente o no, por los grandes símbolos de la masonería?* **Una cosa es cierta: desde muy joven, de niño y luego de adolescente, Jung estuvo físicamente rodeado de masones especulativos.** *Estaba la influencia de su abuelo, Karl Gustav Jung Senior (...) en cuanto a su padre, como todo el mundo sabe un pastor mediocre, un teólogo un poco chiflado, **también era** masón...".*

Aquí encontramos una forma de masonería transgeneracional, en la que las generaciones sucesivas son sistemáticamente introducidas en la Logia de padres a hijos... la cuestión del paso de los niños por los traumáticos rituales de iniciación sigue pendiente (a nivel de la alta jerarquía). Varias fuentes informan de que su antepasado Johann Sigismund, conocido como Sigismund von Jung, abogado, era también masón y miembro de los *"Illuminati* de Baviera".

He aquí la contraportada del libro de Lynn Brunet: El Libro Rojo es el relato de Jung de un periodo de profunda introspección en su inconsciente, en un proceso que él denominó *"imaginación activa"*, emprendido en la madurez. *Answer to Jung: Making Sense of 'The Red Book'* ofrece una lectura atenta de este bello e inquietante texto y de sus fascinantes imágenes, y demuestra que las fantasías de El libro rojo no son del todo originales, **sino que sus tramas, personajes y símbolos se asemejan notablemente a ciertos rituales de los altos grados de la masonería. El libro sostiene que estas fantasías pueden ser recuerdos de una serie de terribles ordalías iniciáticas, posiblemente sufridas en la infancia, utilizando versiones alteradas o espurias de los ritos masónicos.** A continuación, el libro compara estos escenarios de iniciación con relatos de rituales traumáticos denunciados desde la década de 1980.

El Dr. James Randall Noblitt señala en su libro *Cult and Ritual Abuse* acerca de Jung y su *Libro Rojo*: *"Durante el período en que Carl Jung se dedicó a su propia exploración interior, en una 'confrontación con su subconsciente', archivó sus pensamientos e imágenes mentales en una serie de Libros Negros, que más tarde se reunieron para formar su Libro Rojo. Este contenido nunca se publicó durante su vida, y sólo se compartiría confidencialmente con un grupo selecto de personas. La familia de Jung mantuvo oculto este extraordinario volumen tras su muerte, hasta que finalmente se publicó en 2009. En la página 290 del Libro Rojo hay un párrafo titulado **El asesinato sacrificial, que hace referencia a un ritual en el que se mata a un niño. En esta escena, Jung se describe a sí mismo comiendo un trozo del hígado del niño tras recibir la orden de hacerlo. El propio Jung reconoce que en este horrible acto él también fue sacrificado"**.

Su propia autobiografía **retrata a** Jung, a su madre y a su prima, Helena Preiswerk, **con experiencias de disociación de la identidad**. Lynn Brunet también informa de que una de las biógrafas de Jung, Claire Dunne, hace referencia a la revelación que hizo a Sigmund Freud sobre haber sido violado de niño. Dunne utilizó este trágico episodio como título de su libro Jung: *Wounded* Healer *of the Soul*.

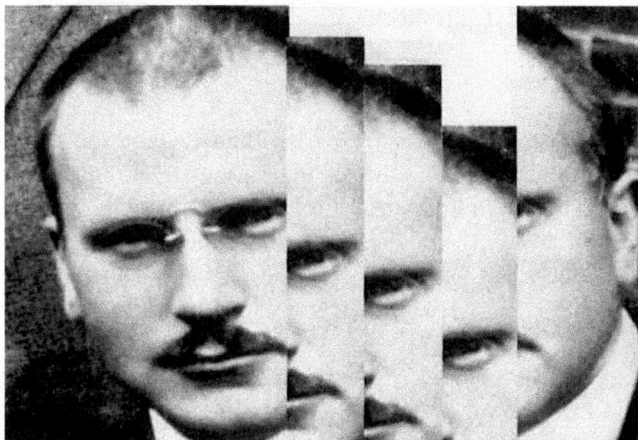

La herida de la que Jung parece haberse curado podría ser mucho más profunda que eso... Las frecuentes expresiones de *dolor*, *sufrimiento*, *confusión* y *tormento* en el Libro Rojo sugieren explícitamente que trata la cuestión del trauma y que la interpretación de su contenido simbólico necesitaría incorporar la psicología y la fisiología del trauma. Jung estaba muy familiarizado con los conceptos fisiológicos de disociación, amnesia y trauma...

Wolfgang Amadeus Mozart es también uno de los *grandes hombres de* la *historia* que estuvo inmerso en los círculos masónicos desde su infancia. El religioso y musicólogo Carl de Nys, que dedicó gran parte de su vida al estudio de la obra de Mozart, relata que, al haber crecido en Slazburg, estaba profundamente imbuido de las ideas masónicas. **En aquella época, en la región florecían las logias masónicas, como los Illuminati bávaros, más conocidos como los "*iluminati*".** El entorno en el que creció Mozart estaba totalmente impregnado de esta espiritualidad ocultista. Carl de Nys cuenta que estos illuminati bávaros celebraban a menudo sus reuniones en el parque de Aigen, en Salzburgo. Lo habían convertido en una especie de bosque de los dioses, con altares, monumentos funerarios y demás. En **aquella época, el parque pertenecía a uno de sus miembros, amigo íntimo de los Mozart... La ceremonia de iniciación tenía lugar en el "*Agujero de las Brujas*": una cueva cuya entrada estaba flanqueada por dos columnas que sostenían un símbolo de los Misterios de Isis, es decir, una Esfinge alada... Según la tradición, esta cueva había sido utilizada por los seguidores de Mitra y Astarté desde la época**

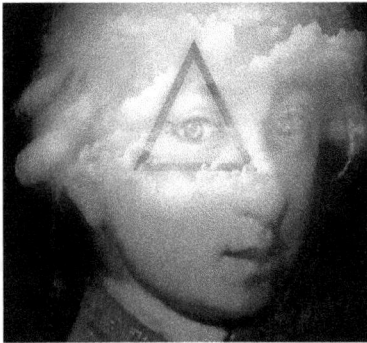

romana. Las ceremonias de iniciación se celebraban por la noche y la cueva estaba iluminada por antorchas, que es exactamente el escenario de la escena de la "ordalía" del segundo acto de *La flauta mágica*. **Carl de Nys afirma, apoyándose en fuentes, que el joven Mozart participaba en** "*reuniones nocturnas*" **en esta cueva del parque de Aigen**, y que fue esto lo que inspiró su escena de iniciación... (*Mozart chez les francs-maçons - les archives de la RTS, 02/01/90*)

Grotte des *illuminati* (Hexenloch)
près du château d'Aigen, Salzbourg

Según Carl de Nys, la familia Mozart estaba vinculada a la logia bávara de los Illuminati, que parecía practicar los ritos de iniciación de las antiguas religiones mistéricas, en particular los Misterios de Isis.

Las cuevas y cavernas eran lugares ideales para las iniciaciones oscuras. Éliphas Lévi (eclesiástico y ocultista francés nacido Alphonse-Louis Constant) describe así ciertos rituales de iniciación antiguos: "*Las grandes pruebas de Menfis y Eleusis tenían por objeto formar a reyes y sacerdotes confiando la ciencia a hombres valientes y fuertes. Para ser admitido a estas ordalías, había que consagrarse en cuerpo y alma al sacerdocio y renunciar a la vida. Había que descender a oscuros túneles subterráneos donde había que atravesar piras ardientes, corrientes de agua profunda y caudalosa, puentes móviles lanzados sobre abismos, y todo ello sin que se apagara ni escapara una lámpara que se llevaba en la mano. Los que vacilaban o tenían miedo no volvían a ver la luz; los que superaban intrépidamente todos los obstáculos eran* **recibidos** *entre los místicos,* **es decir, eran iniciados en los misterios menores. Pero su fidelidad y su silencio quedaban por probar, y sólo al cabo de varios años se convirtió en epopt, título que corresponde al de adepto** *(...) No es en los libros de los filósofos, sino en el simbolismo religioso de los antiguos donde debemos buscar las huellas de la ciencia y redescubrir sus misterios (...)* **Todos los verdaderos iniciados han reconocido la inmensa utilidad del trabajo y del dolor. El dolor -decía un poeta alemán- es el perro del pastor desconocido que conduce el rebaño de los hombres. Aprender a sufrir, aprender a morir, es la gimnasia de la Eternidad, el noviciado inmortal".** (*"Historia de la magia"* - Éliphas Lévi, 1999, p.122)

Los antiguos griegos conocían **bien los efectos del estrés fisiológico profundo en la alteración de las percepciones del mundo de un individuo. Los antiguos sacerdotes griegos utilizaban rituales traumáticos para "curar" a ciertos pacientes. Para ello, los hacían descender a la cueva de** *Trophonios...* La persona era preparada para este rito mediante ayuno, lustración (una ceremonia de purificación del agua) y privación del sueño. Después se les bajaba a la cámara subterránea y se les dejaba solos en completa oscuridad. Los gases embriagadores exhalados en esta caverna, o posiblemente la falta de oxígeno, pronto hacían efecto en la persona, provocándole terribles sueños y visiones. Justo a tiempo, la rescataban de la cueva y la sacaban a la luz y al aire fresco.

Este tipo de ordalía provocaba un verdadero trauma que supuestamente curaba al paciente. El psiquiatra William Sargant no duda en utilizar el término *"lavado de cerebro"* para describir los rituales del oráculo de Trofonios, durante los cuales se sometía al sujeto a técnicas de privación sensorial, confusión visual y auditiva y a psicofármacos. Al igual que hoy acudimos al psiquiatra cuando necesitamos consejo o tratamiento, los antiguos griegos consultaban a los oráculos con el mismo fin. Antes de ir a ver al oráculo, la persona primero tenía que experimentar la privación del sueño, cánticos repetitivos, tomar drogas y, finalmente, aventurarse sola en cavernas profundas y oscuras. **Esta larga y agotadora lucha, que podía durar varios días, la ponía en un estado de estrés fisiológico extremo.** Luego, cuando el oráculo les revelaba ciertas cosas, podían comprender su significado **gracias a este estado alterado de conciencia, que les daba una visión diferente del mundo** (*"Fuente para el estudio de la religión griega"* - David Rice, John Stambaugh, 1979, p.144).

Carl de Nys afirma que los Illuminati bávaros de Salzburgo realizaban sus ceremonias de iniciación en una gruta cuya entrada estaba flanqueada por dos columnas que sostenían una Esfinge alada, símbolo de los Misterios de **Isis**... En su obra titulada *"Metamorfosis"*, el escritor Apuleyo parece describir **su propia iniciación en los Misterios de Isis y Osiris**, a los que habría sido iniciado durante su estancia en Grecia: *"El sumo sacerdote despidió entonces a los profanos, me vistió con una túnica de lino crudo y, tomándome de la **mano, me condujo a lo más profundo del santuario**. Sin duda, mi querido lector, tu curiosidad se despertará por lo que se dice y lo que se hace a continuación. Yo lo diría si se me permitiera decirlo; tú lo aprenderías si se te permitiera aprenderlo. Pero sería un crimen en el mismo grado para los oídos del confidente y para la boca del revelador. Si, por el contrario, es un sentimiento religioso lo que os motiva, no me importaría atormentaros. Escucha y cree, pues lo que digo es verdad. **He tocado las puertas de la muerte; mi pie se posó en el umbral de Proserpina. A mi regreso crucé los elementos. En las profundidades de la noche vi brillar el sol. Dioses del infierno, dioses del Empíreo, todos han sido vistos*** *por mí cara a cara, y adorados de cerca. Esto es lo que tengo que contarte, y no serás más esclarecido".*

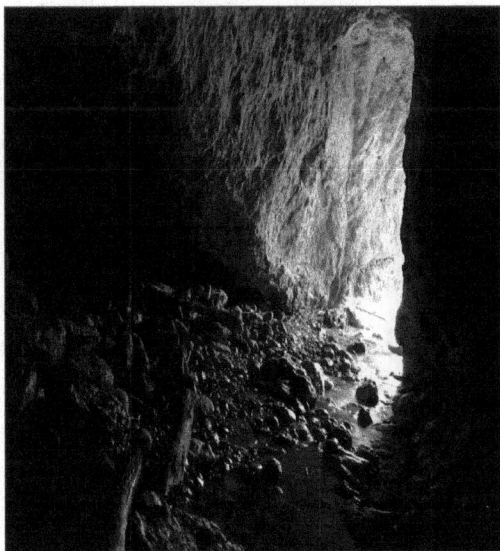

Encontramos aquí tres componentes esenciales de las sociedades secretas de tipo masónico: la **muerte y la resurrección, el juicio de los elementos y, por último, la iluminación.** Es posible que **se trate de un ritual traumático que implica al candidato a la iniciación en una experiencia al borde de la muerte** *(toqué las puertas de la muerte)* **con un profundo estado de disociación** *que ilumina* su conciencia *(vi brillar el sol).*

¿Qué ritos de iniciación pudo sufrir el pequeño Mozart cuando fue llevado al "*Agujero de las Brujas*" por estos iluminados bávaros o *Illuminati*?

**Templo Masónico de la Fraternidad
y Unión en Rennes (35)**

Anexo 2

Trauma y disociación en la mitología masónica

Extractos del libro *"Terror, Trauma and The Eye In The Triangle"* Lynn Brunet - 2007, p. 64 a 83

The Masonic Presence in Contemporary Art

Lynn Brunet

Initiatory Themes and Trauma

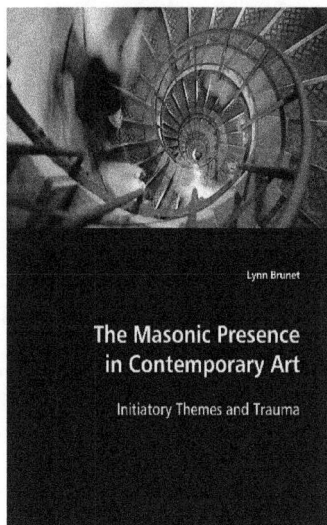

El Templo de Salomón se ha interpretado a menudo como una metáfora del cuerpo humano. El autor francmasón Albert Mackey lo confirma cuando escribe: "Ceremonias de tercer grado en las que un edificio ruinoso representa metafóricamente el deterioro y las dolencias asociadas a la vejez en el cuerpo humano." Las dos columnas, Jakin y Boaz, representan la entrada al Templo. En la literatura cabalística, estos dos pilares corresponden a los lados derecho e izquierdo del cuerpo con su efecto espejo (...) Aquí es donde encontramos el vínculo con las funciones izquierda y derecha del cerebro humano, cada una de las cuales controla el lado opuesto del cuerpo - esto es la controlateralidad. Estos dos pilares también pueden representar cualidades como la severidad y la clemencia, el concepto de blanco y negro, Adán y Eva, masculino y femenino, etc.

El Templo de Salomón estaba destinado a proporcionar un hogar permanente para el Arca de la Alianza, que desde la época de Moisés había estado alojada en una tienda (...) En un plano del Templo de Salomón, representado en un documento masónico titulado "*Los dos pilares*", el Arca de la Alianza se encuentra en el Santo de los Santos con el altar del incienso al lado.

(nota del editor: Lynn Brunet establece un paralelismo entre el Arca de la Alianza y el tálamo, una estructura situada en el corazón del cerebro)

La palabra tálamo procede del griego y significa "cámara interior", comúnmente utilizada como cámara nupcial. El tálamo se encuentra en el centro del cerebro, está completamente cubierto por el hemisferio cortical y es la puerta principal que transmite la información sensorial a la corteza cerebral; los principales flujos de entrada a la corteza deben pasar por el tálamo. Como señala Francis Cricks, "*la idea de que el tálamo es clave para la conciencia no es nueva. Su función es mantener la armonía entre el sistema somatosensorial y la actividad mental y emocional del individuo*". También señala que una gran parte del tálamo se denomina "pulvinar", palabra que originalmente significaba "cojín" o "almohada" (...) otra variante significa "diván sagrado" o "asiento de honor".

¿Podría esta elección terminológica referirse al trono de gracia del Arca de la Alianza alojada en el Santo de los Santos? Si es así, la colocación del altar del incienso justo al lado del Santo de los Santos podría ser una referencia simbólica al hecho de que el sentido del olfato es el único sentido que no implica un cruce de las vías nerviosas entre el cerebro y el cuerpo: el lado derecho de la nariz está conectado con el lado derecho del cerebro. La estrecha relación entre el sentido del olfato y la memoria es bien conocida (...) Cuando Salomón recreó una "casa" para el Arca, colocó los querubines de forma que sus alas tocaran el lateral de cada pared. En términos fisiológicos, las alas de los querubines pueden representar simbólicamente los dos lados de la corteza cerebral que tocan el interior de las paredes del cráneo y se encuentran cara a cara en la cámara interior donde reside la conciencia. Visto así, el "Trono de Gracia" podría representar simbólicamente la capacidad del cerebro para organizar el caos, es decir, la masa continua de información sensorial entrante procesada instantáneamente por el tálamo (...).) La Cámara Media (que marca el final de la iniciación de los tres primeros grados masónicos: Aprendiz, Compañero y Maestro) y su escalera de caracol son dos símbolos masónicos importantes (...) Mackey escribe que los Compañeros, los trabajadores del Templo, suben por la escalera de caracol para llegar a la Cámara Media. Interpreta esta Cámara Media como el lugar donde se recibe la Verdad y la escalera de caracol como un símbolo de progresión espiritual.

La investigación sobre el tálamo ha demostrado que contiene una serie de centros de actividad, conocidos como "núcleos". El principal se denomina "núcleo ventral caudal (o posterior)". El neurólogo Chihiro Ohye escribe que "dentro del núcleo ventral caudal hay una zona llamada núcleo ventral intermedio, que contiene grupos dispersos de células. La estimulación eléctrica de esta parte del núcleo induce una sensación de giro o elevación, una especie de ascenso". (...) La psicóloga Susan Blackmore afirma que ciertas experiencias alucinógenas pueden tener un impacto en las células cerebrales produciendo una visión compuesta por rayas en espiral que pueden aparecer como un túnel en la corteza visual. En términos fisiológicos, el símbolo de la escalera de caracol puede ser, por tanto, una forma de ilustrar esta sensación física de girar y ascender con esta visión alucinatoria. En cuanto a este lugar donde se recibe la "Verdad", es posible que esta Cámara Media sea un lugar familiar para los que estudian la meditación, una zona del cerebro que no está ni a la derecha ni a la izquierda, un estado de calma totalmente centrado donde el individuo puede sentir una sensación de conexión con lo divino (...).) Situada en algún lugar del tálamo, la habitación interior, o "cámara nupcial", puede ser otra forma de representar el concepto místico del matrimonio alquímico (o nupcias químicas), representado como el concepto del hermafrodita, o en términos junguianos, una condición en la que los aspectos masculinos y femeninos de la psique están en total armonía (...)

En términos de traumatología, la leyenda de Hiram puede verse como un texto metafórico que representa lo que sucede fisiológicamente cuando se utiliza el terror para producir la experiencia de la *luz interior*. Esta *luz interior* es ese sentido de conciencia cósmica o inmortalidad que se alcanza a través del lento ascenso espiritual representado en el Segundo Grado. La masonería pertenece a la tradición gnóstica. La figura de Lucifer, el "Portador de Luz", la luz de la experiencia mística, está en el corazón de esta tradición. La relación entre Lucifer y la psicología del trauma se pone de

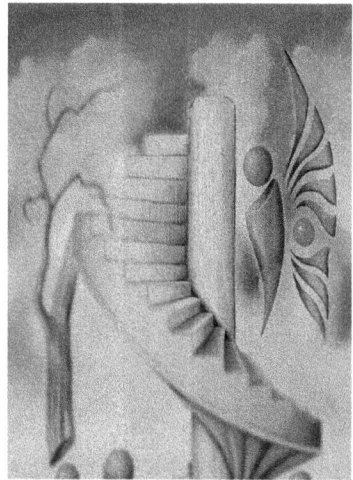

relieve en una obra de teatro titulada "La tragedia del hombre", escrita por el dramaturgo húngaro Imre Madach y analizada por el antropólogo Geza Roheim. Lucifer, el personaje central de la obra, es llamado "el Espíritu de la Negación". En la obra, Lucifer invita a Adán a volar al espacio (es decir, a disociarse de la realidad) para escapar de la escoria de la vida terrenal: "*El dolor cesará cuando nos rindamos y desaparezca el último vínculo que nos une a la Madre Tierra*".

Esta capacidad humana de escapar del terror y del intenso dolor emocional o físico mediante la negación y la disociación puede haber sido explotada por la masonería para lograr experiencias místicas. Al interferir en el proceso cerebral mediante un trauma físico o psíquico (shock, terror, hipnosis), la mente puede sufrir una alteración de la noción del tiempo y experimentar una sensación de atemporalidad (...).

El mito de Isis y Osiris, utilizado en el Rito Escocés, puede ser también una ilustración metafórica del proceso traumático. Mackey escribe que "*Osiris fue asesinado por un tifón y su cuerpo cortado en pedazos, sus restos mutilados arrojados al Nilo y esparcidos a los cuatro vientos. Su esposa Isis, de luto por la muerte y mutilación de su marido, buscó las partes del cuerpo durante varios días y, tras encontrarlas, reunió los trozos para darle un entierro decente . Osiris, así*

restaurado, se convirtió en una de las principales deidades egipcias, y su culto se unió al de Isis para formar una deidad fértil para la fertilización de la naturaleza" (...) Si interpretamos los personajes Isis y Osiris en términos de estructuras cerebrales, Isis representa el cerebro derecho, los atributos intuitivos, y Osiris representa el cerebro izquierdo, los atributos lógicos y lingüísticos.

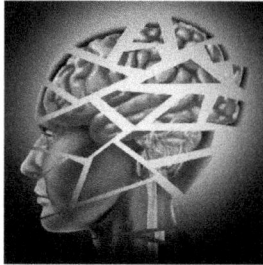

Los daños causados por un traumatismo pueden provocar problemas de registro de la memoria en el hemisferio izquierdo y, por tanto, afectar a la capacidad del individuo para hablar de los acontecimientos que ha vivido, ya que la transferencia de información desde el hemisferio derecho queda "mutilada" o fragmentada. Así, al individuo le resulta difícil reconstituir los fragmentos de memoria, que son como piezas de un rompecabezas. Podría interpretarse que estos dioses egipcios encarnan este fenómeno de trastornos de la memoria en una mente fragmentada tras una experiencia traumática.

Las referencias a la mutilación o automutilación entre los dioses mitológicos abundan en la literatura mágica y religiosa del antiguo Egipto. Las mutilaciones autoinfligidas de los dioses se deben generalmente a tensiones emocionales de diversa índole. Budge señala que en otros escenarios relacionados con el tema de la muerte y la resurrección en el mito osiriano de Horus, hijo de Isis y Osiris, Horus tiene el papel de restaurar la vida en un abrazo, un gesto que recuerda a los "Cinco Puntos del Compañerismo Masónico". *"Horus se acercó a Osiris, que estaba en el estado de un hombre muerto, y lo abrazó. Mediante este abrazo le transfirió su propio KA (doble), o parte del poder que moraba en él. El abrazo es, de hecho, un acto por el que la energía vital se transfiere del abrazador al abrazado"*. Budge observa que el abrazo también puede considerarse metafóricamente como un restablecimiento de la información en el centro lingüístico del cerebro izquierdo con fines de curación psíquica tras un traumatismo importante. Alan Watt, estudiando el tema del fraccionamiento en el mito de Osiris y otros mitos antiguos, sostiene que el desmembramiento sacrificial de un ser divino es un proceso voluntario, el del autosacrificio. Escribe: *"Se deduce lógicamente que donde hay un desmembramiento (deconstrucción) al principio, hay una reconstrucción al final* (nota del editor: Ordo ab Chao o Disolver luego Coagular) *Es el juego cósmico que consiste en el descubrimiento de lo que está oculto y el recuerdo de lo que se ha dispersado."*

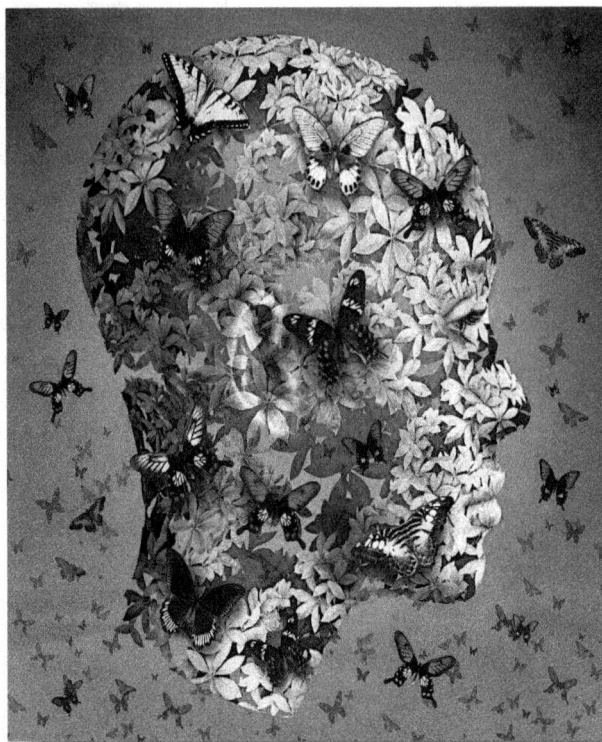

La conclusión de Watt se relaciona con una noción sobre la memoria en los procesos espirituales y el papel de la concentración en la reducción de los pensamientos dispersos. Yo diría que este mito es aún más apropiado cuando se aplica a la naturaleza de la memoria traumática, su represión y su recuerdo (...) El masón Leadbeater sugiere que la iniciación en su forma más pura implica una especie de conexión con lo divino y esto es lo que representan los diferentes grados masónicos. El "desgarramiento en fragmentos" sugiere que la iniciación requiere una comprensión del uso de los choques para producir un cierto estado de conciencia, que si se produce correctamente, puede crear la sensación de ser "uno con el universo". Este estado de conciencia es considerado actualmente por la medicina como un ejemplo de estado de disociación. Casavis, en un análisis de los orígenes griegos de la masonería, señala el papel de la fragmentación en los Misterios de Osiris. Señala que la planta sagrada de este culto de Misterio era Erica, de la palabra griega "eriko" que significa "*romper en pedazos*".

El masón Albert Mackey informa de que el símbolo egipcio más relevante para la masonería es el del "ojo que todo lo ve", interpretado místicamente como el ojo de Dios, , pero también como *símbolo de la vigilancia divina y del cuidado del universo*. La adopción del triángulo equilátero es un símbolo de la divinidad que puede encontrarse en diferentes culturas. Mackey escribe: "*Entre los egipcios, la liebre era el jeroglífico de los ojos abiertos, lo cual es así porque se supone que este frágil animal nunca cierra sus órganos de visión; siempre está al acecho de sus enemigos. La liebre fue entonces adoptada por los sacerdotes como símbolo de la iluminación mental o luz mística que se revela a los neófitos cuando contemplan la verdad divina durante su iniciación. Y así, según Champollian, la liebre era también el símbolo de Osiris, un dios principal, mostrando así el*

estrecho vínculo entre el proceso de iniciación en sus ritos sagrados y la contemplación de la naturaleza divina".

Una de las consecuencias de los traumatismos graves es un estado conocido como "hipervigilancia". Se trata de un estado de atención constante y miedo agotador, en el que la víctima, como el conejo o la liebre, está constantemente al acecho del peligro. Cuando Osiris resucitó, poseía el "ojo que todo lo ve". Si la reconstrucción de Osiris representa la recuperación de recuerdos traumáticos, esta capacidad de "verlo todo" puede traducirse como la capacidad de enfrentarse a la muerte o al mal. Estas nociones de enfrentarse a la muerte, la idea del viaje y el renacimiento en los textos masónicos adquieren por tanto un cierto significado con las teorías contemporáneas sobre la memoria y el trauma. Desde un punto de vista fisiológico, es interesante observar que las neuronas que parecen estar más asociadas a la conciencia se describen como células piramidales.

Podemos establecer un paralelismo con el simbolismo del descubrimiento de Isaac Newton de la descomposición de la luz blanca en los diferentes colores del arco iris a través de un prisma triangular de cristal. El ojo en el triángulo masónico encarna la física de Newton en el sentido de que puede ser una representación visual de la escisión, refiriéndose a la disociación, la iluminación de la conciencia (...)

Aquí cobra relevancia la filosofía de la Ilustración sobre el vínculo entre el Terror y lo Sublime descrita por Edmund Burke. Todas las cosas que transmiten terror, dice, "*son una fuente de lo Sublime, producen la emoción más fuerte que la mente es capaz de sentir*". Quizás esto se haga eco de la investigación neurológica. El lugar donde todas estas funciones de parecen coordinarse se llama sistema límbico, y comprende el tálamo, la amígdala, el hipocampo y otras estructuras. Como dice Pierre-Marie Lledo: "*Como el limbo de la mitología cristiana, el sistema límbico es el intermediario entre el cerebro neomamífero del paraíso y el cerebro reptiliano del infierno*". (...)

En el delantal masónico del 21° grado, el Grado Noajita o Prusiano es un humano alado que se lleva el dedo índice de la mano derecha a los labios y una llave en la mano izquierda. Esta representación se conoce como la figura egipcia del Silencio (...) En el sistema masónico, la Torre de Babel es una imagen ligada a los recuerdos y al olvido, vinculada a la confusión y a la pérdida del lenguaje. Según los masones: "*Pasar por delante de la Torre te hace olvidar todo lo que sabes*" (...) La figura alada del

Silencio en el 21° grado del delantal masónico también puede representar este proceso de disociación. La incapacidad para hablar de la experiencia traumática se representa con el dedo índice derecho delante de la boca, ya que la mano derecha está controlada por el cerebro izquierdo, el lado del cerebro que afecta al lenguaje. La mano izquierda (que simboliza el acceso a la parte derecha del cerebro, donde se almacenan los recuerdos traumáticos disociados) tiene la "llave" de estos recuerdos.

Las historias del Diluvio y la Torre de Babel pueden interpretarse como otra metáfora de cómo funciona el cerebro durante el trauma. En gran parte de la literatura sobre el trauma, la experiencia se describe como "abandonar el cuerpo", un fenómeno vinculado al proceso de disociación. Se experimenta una sensación de paz a medida que la persona se desconecta psíquicamente del terror, encontrando una vía de escape natural. La huida del "alma" del cuerpo en situaciones traumáticas está representada por la liberación de la paloma del Arca de Noé y simboliza, en términos fisiológicos, el efecto opioide liberado en el cerebro cuando el terror "inunda" el cuerpo físico (...).(...) Tras el diluvio (del terror), el arco iris (identidad disociada) se convierte entonces en un símbolo de esperanza porque el diluvio del terror se olvida y el individuo puede sobrevivir (...) La vida de los individuos se "divide" psicológicamente después de haber experimentado algo que podría haberlos matado. En los textos cabalísticos, el arco iris también está vinculado a la Vía del Camaleón, el animal que cambia de color según su entorno. Esto está relacionado con el fenómeno de la personalidad múltiple, en el que el individuo es capaz de adaptarse a diferentes situaciones con personalidades distintas (alteraciones o fragmentos de personalidad). Todo este simbolismo da pie a la posibilidad de que la historia del Arca de Noé y el Arca de la Alianza correspondan también a metáforas de procesos vinculados al cerebro humano...

Anexo 3

Definición de disociación inducida por el trauma

Extracto de la disertación *"L'Abus Rituel : Le point de vue d'intervenantes en agression sexuelle"*, presentada por Christine Jacques en 2008 en la Universidad de Québec en Outaouais en el Departamento de Trabajo Social.

UQO
UNIVERSITÉ DU QUÉBEC EN OUTAOUAIS

El abuso ritual sigue siendo un tema sobre el que se sabe muy poco en los distintos ámbitos de intervención. La falta de consenso sobre cómo conceptualizar el abuso ritual y la controversia que lo rodea dificultan su reconocimiento. Esta investigación cualitativa persigue tres objetivos: documentar y analizar la información sobre el abuso ritual, avanzar en el conocimiento y la comprensión de este tipo de abuso desde el punto de vista de los trabajadores de la intervención sexual que han apoyado a mujeres que lo han sufrido desde la primera infancia, y contribuir al avance del conocimiento sobre el tema en la comunidad de intervención francófona. Se realizaron entrevistas semiestructuradas a ocho asesores en materia de agresiones sexuales que trabajan en diferentes servicios de este tipo y que admitieron haber trabajado con al menos dos supervivientes de (...)

También se recomienda investigar más sobre el abuso ritual, en particular en lo que respecta a la programación, un método de control del pensamiento, y la disociación en los supervivientes de abuso ritual. Sobre todo, necesita desarrollar más conocimientos prácticos de intervención en

este campo. **También es necesario investigar más sobre los vínculos entre el abuso ritual y el sadismo sexual, y entre el abuso ritual y las redes de explotación sexual infantil.**

Disociación

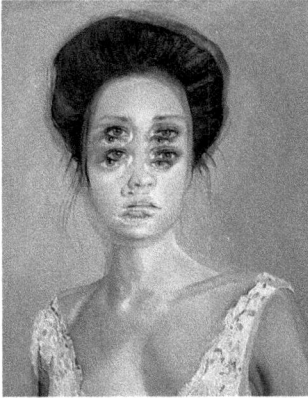

Todos los participantes hablaron de disociación al hablar de las secuelas. Cabe recordar que algunos de ellos reconocieron que los individuos que cometen abusos rituales provocan la disociación en las personas de las que abusan para tener un mayor control sobre ellas. No obstante, la mayoría de los participantes (6/8) consideraron la disociación sobre todo como un mecanismo de defensa normal y esencial que permite a las víctimas sobrevivir a la intensidad del abuso y al trauma subsiguiente.

Kluft, Herman, Putnam y otros han hecho mucho por definir la disociación y los criterios de su forma más extrema: el trastorno de identidad disociativo, antes conocido como trastorno de personalidad múltiple. Identificaron este trastorno en particular con la presencia de barreras amnésicas disociativas, que provocan la fragmentación del "yo" y la presencia de varias personalidades distintas -o alter identidades- que se han creado para superar un trauma intolerable, por lo general abusos graves en la infancia. (Beardsley, 2002, p. 111)

También hay que recordar que, a diferencia del enfoque psiquiátrico, los participantes no consideran que la disociación sea un trastorno o trastorno mental. Por lo tanto, utilizan el término disociación o personalidades múltiples para tratar el tema en lugar de trastornos disociativos, tal como se presentan en los criterios diagnósticos del Mini DSM-IV (1994) de la Asociación Americana de Psiquiatría o en el Mini Manual de Criterios Diagnósticos. Sin embargo, dan testimonio de las consecuencias de este mecanismo de defensa en la vida actual de las mujeres que lo han desarrollado. Además, la mitad de ellos tratan de la forma en que se utiliza la disociación en los abusos rituales.

La mitad de los participantes dieron una breve explicación de la disociación. Uno de ellos dijo que la disociación es uno de los efectos más importantes del abuso ritual y que los niños que son víctimas aprenden a disociar. *"El niño se disocia a una edad muy temprana porque está ocurriendo algo intolerable. Sus mentes se separan y el niño se disocia para gestionar y hacer frente a algo que de otro modo sería imposible de gestionar.*

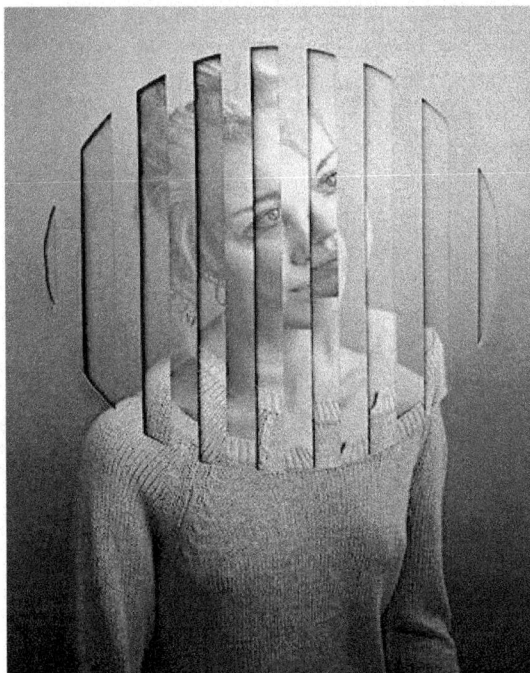

La disociación puede manifestarse en distintos grados. Algunos participantes (3/8) hablaron de la disociación consistente en la incapacidad de recordar recuerdos personales, pasados o recientes, mientras que otros (5/8) hablaron más específicamente de lo que consideraban un grado más extremo de disociación, a saber, lo que llamaban "personalidades múltiples". Cabe señalar que la disociación en forma de personalidades múltiples sólo surge a raíz de traumas sufridos en la primera infancia.

La disociación, que se manifiesta como una incapacidad para evocar recuerdos, hace que algunos supervivientes de abusos rituales tengan muy pocos recuerdos de su infancia. Uno de los participantes habló de amnesia, diciendo que los supervivientes pueden haber bloqueado ciertos recuerdos relacionados con los traumas que sufrieron; sus recuerdos generalmente surgen durante flashbacks. Otro participante se refirió a la incapacidad de algunos supervivientes para evocar recuerdos más recientes. La disociación hace que las supervivientes a veces pierdan el contacto con el presente y tengan la sensación de estar reviviendo momentos traumáticos de su pasado. Las mujeres que se disocian de este modo pueden permanecer en este estado durante unas horas o incluso unos días. Estas mujeres ya no son plenamente conscientes o no controlan lo que hacen durante este periodo y pueden encontrarse en situaciones que no asumirían necesariamente si no estuvieran en un estado disociativo.

Más de la mitad de los participantes (5/8) afirmaron que los supervivientes de abusos rituales con los que trabajan suelen tener personalidades múltiples. Así lo explicó uno de ellos:

"La disociación extrema, o más concretamente la formación de lo que se conoce como personalidades múltiples, o lo que otros llaman trastorno de identidad disociativo, significa que la superviviente ha dividido su mente en varias partes y las ha separado entre sí, de modo que puede, por ejemplo, experimentar la tortura durante la noche y al día siguiente ser completamente inconsciente de lo que ha vivido.... Al día siguiente, podrá ir a la escuela y actuar de forma relativamente normal porque habrán intervenido dos o más partes. Una de ellas se hace cargo fuera de la conciencia de la primera parte. Por lo tanto, los supervivientes pueden tener dos o más identidades diferentes que están separadas en el inconsciente la una de la otra."

Por ejemplo, a veces puede parecer que los supervivientes de abusos rituales llevan una vida normal, van a la escuela o tienen un trabajo, pero en realidad sólo pueden hacer frente a sus vidas en función de las capacidades disociativas que desarrollaron durante el trauma que sufrieron. Es como si estas personas llevaran una doble vida. Esta forma de gestionar su vida cotidiana corresponde a uno de los elementos del concepto de disociación según van der Hart, Nijenhuis y Steele (2006):

"Los individuos crónicamente traumatizados se encuentran atrapados en un terrible dilema. No tienen la capacidad de integración adecuada ni las habilidades mentales para darse cuenta consciente y plenamente de sus aterradoras experiencias. Tienen que seguir con su vida cotidiana, que a veces incluye incluso a las personas que abusaron de ellos. La opción más rápida para ellos es dejar de lado mentalmente su doloroso pasado y presente y, en la medida de lo posible, mantener una fachada de normalidad".

Al igual que estos autores, el participante que dijo que los supervivientes de abusos rituales viven como si tuvieran una doble vida subrayó que se crea estrés al comportarse como si todo fuera normal.

La forma más extrema de disociación, las personalidades múltiples, significa que la identidad de una persona está dividida o fragmentada en dos o más "partes". Son una misma persona, pero su identidad está construida de forma dividida. El término "multiplicidad" se utiliza habitualmente para tratar este tema, al igual que la palabra "partes" para referirse a estas diferentes divisiones de la personalidad. Las distintas partes de la identidad son distintas en el sentido de que presentan aspectos, características o estados de la personalidad diferentes. Cada parte tiene sus propias modalidades, es decir, conocimientos, formas de ser, actuar, pensar, sentir, percibirse a sí mismo, concebir el entorno y situarse en el tiempo. Además, las partes están separadas en el inconsciente y no son necesariamente conscientes unas de otras. Como resultado, algunas partes no son conscientes del abuso que han sufrido, mientras que otras conservan recuerdos de la experiencia.

Más de la mitad de los participantes (5/8) describieron ciertas formas en las que la disociación o la multiplicidad se presenta en los supervivientes de abusos rituales. La mujer, o la parte "anfitriona", puede limitarse a mencionar lo que le dicen las voces internas, mientras que otras darán testimonio de sus "partes internas". También pueden decir que empiezan a perder la noción del tiempo, o que siempre la han perdido. El término azafata se utiliza para referirse a la disociación extrema y para identificar a la mujer o a la parte que está presente en las reuniones de intervención. Uno de los participantes explicó que el término "partes internas" utilizado para describir la disociación extrema se refiere a personas con personalidades múltiples que han desarrollado lo que se conoce como un "sistema disociativo", es decir, un sistema de partes internas. El uso de la palabra "sistema", que suele emplearse para referirse a la multiplicidad, equivale a la persona en su totalidad; por lo tanto, se tienen en cuenta todas las partes internas de la persona.

También describen las diferencias que han observado entre cada una de las partes de las supervivientes de abusos rituales que han desarrollado personalidades múltiples. "Se puede ver en las mujeres con personalidades múltiples lo diferente que es cada parte; algunas partes son diestras, otras zurdas. Algunas mujeres pueden incluso demostrar cambios físicos cuando se presentan ciertas partes".

La mitad de los participantes dijeron que los niños partes acudían a ellos. Dijeron que eran sobre todo los niños quienes les contaban los abusos que habían sufrido. Uno de ellos dijo que a veces era como si hablara otra persona: la voz de un niño, un chico o una chica. Otro dijo que las partes también podían utilizar nombres de pila diferentes al presentarse.

Es importante señalar que todos los profesionales entrevistados hablaron de la disociación que siguen experimentando los supervivientes de abusos rituales. La disociación es un impacto que está presente en el momento del abuso y continúa en la edad adulta. La mitad de ellos dijeron que nunca habían conocido a un superviviente de abuso ritual para quien la disociación no fuera un problema. Algunos (3/8) dijeron que algunos de los supervivientes con los que trabajaban ya habían sido diagnosticados de alguno de los trastornos asociados a la disociación antes de conocerlos.

Sin embargo, una de las participantes advirtió que, aunque muchos supervivientes de abusos rituales han desarrollado personalidades múltiples, es importante no generalizar. Por ejemplo, dijo que había acompañado a dos hermanas que habían sufrido abusos rituales y que sólo una de ellas había desarrollado personalidades múltiples.

Aunque todos los participantes consideraron que la disociación era un mecanismo de defensa normal, más de la mitad de ellos (5/8) reconocieron que puede convertirse en un obstáculo para los supervivientes. A veces, a los supervivientes de abusos rituales que se disocian o que tienen personalidades múltiples les resulta difícil mantenerse en contacto con el presente. Esta pérdida de conciencia del momento presente es uno de los factores de la disociación que afecta actualmente a los supervivientes de abusos rituales. Así explica uno de los participantes algunas de las dificultades que experimentan los supervivientes de abusos rituales con personalidades múltiples: "Ciertas partes de sí mismos pueden vivir en el pasado. Esto puede ser muy difícil de superar. Algunas mujeres no recuerdan nada de sus partes; también es difícil trabajar con eso. ¿Cómo puede una mujer conectar cuando pierde la noción del tiempo, cuando no conoce una de sus partes y cuando esa parte no aparece cuando te hace el seguimiento?".

Otros dos participantes explicaron que la disociación hace que el proceso de curación sea más complejo para algunos supervivientes de abusos rituales, ya que disocian o experimentan continuamente flashbacks. Esto limita su capacidad para ser plenamente conscientes de su realidad. Estos asesores hablaron sobre todo de la impotencia que provoca la disociación, especialmente en mujeres con personalidad múltiple. Otra afirmó que la disociación hace que las supervivientes de abusos rituales sean más vulnerables y corran más riesgo de revivir otras situaciones de abuso porque no tienen pleno control de sí mismas. Una mujer explica lo que considera una de las particularidades de la disociación resultante del abuso ritual. En su opinión, el abuso ritual "siempre está ahí, nunca está en el pasado, siempre está ahí. Incluso si los abusadores no están allí, los recuerdos están tan frescos y la disociación los trae de vuelta como si todavía estuvieran allí". Así que la disociación, que era necesaria para la supervivencia de las víctimas de abusos rituales, puede ser ahora un obstáculo en su vida actual.

Cabe recordar que algunos participantes (3/8) afirmaron que los maltratadores conocen y utilizan las capacidades disociativas de las víctimas. La disociación hace a las víctimas más sugestionables y esta vulnerabilidad facilita el proceso de programación. Creen que los maltratadores comprueban las capacidades disociativas de las víctimas y que esto les permite determinar las mejores formas de provocar este mecanismo para controlarlas de forma continuada.

Anexo 4

Control mental basado en el trauma

Extracto de la disertación *"L'Abus Rituel : Le point de vue d'intervenantes en agression sexuelle"*, presentada por Christine Jacques en 2008 en la Universidad de Québec en Outaouais en el Departamento de Trabajo Social.

Los métodos de programación

Como se presenta en el marco teórico, las técnicas de control del pensamiento son la piedra angular del abuso ritual. Esta investigación nos muestra que los profesionales entrevistados utilizan principalmente el término programación para hablar del tema.

Según los resultados obtenidos, los métodos utilizados para la programación son los primeros indicios de que se trata de abusos rituales. Esto es coherente con la importancia concedida a la forma en que se lleva a cabo el abuso. Creemos que éstas son las principales características del abuso ritual que lo distinguen de otras formas de abuso. En este sentido, reconocemos que los métodos utilizados para la programación son los elementos que chocan, sorprenden y dan un aspecto extraño a los relatos de los supervivientes.

Conviene recordar que los resultados relativos a la programación se refieren a dos elementos distintos: el objetivo de la programación y los métodos utilizados para alcanzarlo.

Según los resultados obtenidos, la programación pretende transformar el sentido de identidad y libertad de las víctimas, y crear un sentimiento de terror continuo, con el fin de obtener un control absoluto y continuo sobre su persona. Estos resultados corroboran los relativos a la finalidad de los abusos rituales. A la luz de los resultados obtenidos, podemos afirmar que los métodos utilizados para programar a las víctimas de abuso ritual son técnicas de abuso cuidadosamente elegidas por los abusadores. Estos resultados concuerdan con los relativos a la naturaleza organizada del abuso ritual y las secuelas que de él se derivan.

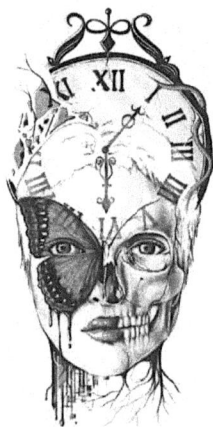

Los participantes afirman que el terror está en la raíz misma de la programación. Entre otras cosas, los abusadores utilizan diversas amenazas para crear una sensación de peligro constante en las víctimas. Los resultados muestran que los niños víctimas de abusos rituales son amenazados de muerte si hablan de los abusos sufridos. También se les amenaza con volver a abusar de ellos o con hacer daño a personas cercanas. En otras palabras, las víctimas de abusos rituales están programadas para creer que corren un peligro constante. Comparando todos los resultados obtenidos, se comprende que este sentimiento de amenaza persistente procede sobre todo del terror creado por los malos tratos sufridos durante la infancia. Además de la programación, los traumas sufridos y la disociación hacen que la intensidad del sentimiento de terror, condicionado durante la infancia, persista en la edad adulta. Como demuestran muchos de los resultados, este sentimiento de peligro permanente está programado para silenciar a las víctimas y ocultar la realidad de las actividades delictivas cometidas en los abusos rituales. En este sentido, es a través del silencio que imponen como los abusadores mantienen un poder absoluto y continuo sobre sus víctimas.

Los resultados relativos a la programación se corresponden con la información presentada por Borelli (2006) a raíz de su investigación documental sobre el tema. Entre otros, cita a

Oglevie (2003), que esboza los tres principios del control del pensamiento: secreto, poder y control. Según este autor: *Las personas que utilizan el control mental están obsesionadas con el poder... Estas personas perpetúan e inculcan el control mental a través del miedo y el pánico en sus sujetos* (citado por Borelli, 2006, p.54). Es más: *cuando los abusadores utilizan el control mental, el silencio de las víctimas está prácticamente garantizado.* (Ibid, p. 55). Esta información demuestra el vínculo entre la programación y la naturaleza secreta y clandestina del abuso ritual.

Los resultados obtenidos en el curso de esta investigación también muestran que la programación es el telón de fondo de cada forma de abuso. Estamos de acuerdo con los participantes que afirman que lo que caracteriza al abuso ritual es que el abuso se perpetra sobre la base de la programación. Por consiguiente, los resultados que describen la forma en que se perpetran las distintas formas de abuso deben interpretarse como los medios utilizados para facilitar la programación. Según los resultados obtenidos, la programación es un método de maltrato psicológico extremo creado a partir de largas series de condicionamiento. Veamos los distintos métodos utilizados para la programación tal y como se presentan en el curso de esta investigación:

- La provocación de un estado disociativo

- Repetición de mensajes

- El uso de: simulaciones; escenificaciones; rituales; símbolos espirituales o religiosos; animales; descargas eléctricas; drogas; privación.

Disociación inducida

Según algunos de los resultados obtenidos en el curso de esta investigación, los maltratadores rituales conocen, utilizan y provocan deliberadamente la disociación en las personas de las que abusan. Como dijo uno de los participantes: *"Para sobrevivir a los malos tratos, los niños se disocian y los maltratadores rituales se aprovechan de ello. Crean disociación intencionadamente para ocultar lo que hacen durante mucho tiempo".*

Un segundo participante afirmó que la disociación extrema, o multiplicidad, permite a los maltratadores programar el olvido o la negación del maltrato que cometen.

Debe recordarse que la mayoría de los participantes creían que la capacidad de disociación de las víctimas jóvenes es un factor importante para permitir a los delincuentes obtener el control sobre sus víctimas. En este sentido, los resultados relativos al uso de la disociación para facilitar la programación son coherentes con el análisis de Gould y Cozolino (1992) sobre la importancia de la edad de la víctima cuando comienza el abuso.

"Los programadores recomiendan que el control mental comience antes de que el niño cumpla seis años; la primera

infancia es propicia a los estados disociativos. Las drogas, el dolor, las agresiones sexuales, el terror y otras formas de violencia psicológica hacen que los niños se disocien ante experiencias traumáticas intolerables. La parte del niño que se ha disociado para hacer frente al trauma se volverá extremadamente porosa a las sugestiones y a la programación durante el abuso". (citado por Beardsley, 2002, p. 13)

Así pues, los resultados relativos a la provocación de la disociación como método para facilitar la programación validan los que demuestran la importancia de este impacto en los supervivientes de abusos rituales.

Utilizar un sistema de creencias

Como hemos visto en el marco teórico, la presencia de un sistema de creencias en el abuso ritual es una de las primeras características que permitieron reconocer este tipo de abuso. De hecho, estuvo en el origen de la primera conceptualización del abuso ritual como abuso satánico. El análisis de los resultados muestra que la presencia de un sistema de creencias de abuso ritual es uno de los métodos utilizados para la programación. En este sentido, nuestro análisis difiere de las primeras conceptualizaciones del abuso ritual. No obstante, cabe señalar que hemos reconocido diversos problemas relacionados con la conceptualización del abuso ritual que se derivan de los resultados vinculados a la utilización de un sistema de creencias.

Al comparar los resultados relativos a la presencia de un sistema de creencias de abuso ritual con los que describen los métodos utilizados para la programación, llegamos a reconocer que éste es uno de los métodos utilizados para programar a las víctimas.

Como señaló una de las participantes, los maltratadores utilizan un sistema de creencias como estrategia para ocultar la realidad de los abusos que cometen. Dijo que las creencias utilizadas en el abuso ritual se utilizan esencialmente para aterrorizar a los niños pequeños que son víctimas. Explicó que éste es el caso del uso de creencias satánicas.

En la misma línea, algunos de los comentarios de otros participantes también plantean la relación entre el uso de una creencia y la programación.

Puede haber creencias específicas programadas. Sé que en el caso de algunos supervivientes se utiliza una creencia religiosa o espiritual, pero hasta ahora, en el caso de la que estoy hablando, nunca hemos podido identificar que trataran de imponer una creencia específica, aparte de imponer terror; aterrorizarla de verdad y hacerla impotente.

Hay que recordar que más de la mitad de los participantes dijeron que a veces era difícil asociar una creencia religiosa o espiritual con el abuso. A la luz de los resultados obtenidos, podemos afirmar que los grupos de individuos que cometen abusos rituales utilizan mayoritariamente una creencia maligna o cualquier forma de ideología que les atribuya algún tipo de poder.

Recordemos algunas de las creencias utilizadas en los abusos rituales mencionadas en el transcurso de esta investigación: satanismo, vudú, santería, creencias diabólicas y creencias más místicas asociadas a fuerzas superiores o brujería. Dos participantes afirmaron que todas las formas de ideología y creencia se utilizan como justificación o telón de fondo de los abusos rituales. En este sentido, la utilización de un sistema de creencias permite esencialmente aterrorizar y dominar a las víctimas, lo que es coherente con el objetivo de la programación. En consecuencia, la creencia tiene poca importancia: sólo sirve para consolidar el poder de los abusadores.

Como han atestiguado algunos de los participantes, también puede haber casos de abusos organizados en torno a la ideología de la superioridad de la raza blanca, como en el caso de los nazis o el Klu-Klux-Klan, o simplemente para imponer la creencia de que se ha nacido para servir y obedecer al padre.

Cabe señalar que sólo tres participantes mencionaron el satanismo en el transcurso de esta investigación. Sin embargo, dos de ellos consideraban que el satanismo no era más que una tapadera de los abusos. De hecho, una de las características del abuso ritual es que los abusadores utilizan una creencia para orquestar su abuso. En este sentido, estamos de acuerdo con el participante que dijo que la gente tiende a prestar demasiada atención a la noción de creencias y especialmente al satanismo cuando hablan de abusos rituales. Sin embargo, hay prácticas y símbolos satánicos asociados a algunos de los relatos de abusos rituales. Los participantes pudieron mostrar cómo el uso de creencias satánicas se manifiesta a veces en el abuso ritual. Los trabajadores sociales deben comprender que los elementos satánicos suelen estar presentes en los relatos de los supervivientes de abusos rituales, incluida la práctica de rituales y ceremonias satánicas.

Uno de los participantes afirma que los maltratadores han acertado al utilizar la creencia satánica en el contexto de los malos tratos: la atención se desvía de los actos delictivos que cometen. En cambio, la gente se siente atraída por el fenómeno misterioso del satanismo, o perpleja y asustada por lo que representa. Además, el testimonio de los supervivientes que presentan elementos asociados al satanismo suele ponerse en tela de juicio por lo extraño e inverosímil de sus relatos.

Repetición de mensajes

Los resultados muestran que una de las técnicas utilizadas para la programación es la repetición de mensajes. Según los resultados obtenidos, este método tiene tres objetivos:

- atribuir o implantar un sentimiento negativo de identidad

- mantener a las víctimas aterrorizadas y amenazadas

- garantizar el silencio en torno a los malos tratos

- dictar cómo deben comportarse las víctimas.

La repetición de mensajes negativos pretende así transformar el sentimiento de identidad y libertad de las víctimas. Estos resultados corresponden a los tres objetivos de la programación según Hassan (2000, citado por Borelli, 2006). Este autor afirma que el control del pensamiento pretende influir en la forma de pensar, reaccionar y sentir de una persona.

ALEXANDRE LEBRETON

El uso de simulaciones y puestas en escena

Esta investigación muestra que la mayoría de los profesionales entrevistados reconocen que las simulaciones y la escenificación son métodos utilizados para orquestar los abusos rituales.

Según los participantes, los simulacros y las escenificaciones permiten a los agresores manipular a sus víctimas. Como se ha mencionado anteriormente en este debate, los rituales, es decir, los escenarios y las escenificaciones, pueden vincularse a prácticas asociadas con el sadismo. Estos métodos están dirigidos esencialmente a aterrorizar y confundir a las víctimas y hacerles creer que tienen el poder absoluto. Los maltratadores alteran la realidad cambiando el contexto en el que se produce el maltrato. Además, al igual que Sullivan (1989), creemos que los maltratadores también utilizan estas simulaciones y teatralizaciones para protegerse contra toda forma de posible represalia: *el elemento ritual (por ejemplo, la adoración del diablo, el sacrificio de animales o de seres humanos) es considerado por muchos como algo increíble, lo que socava la credibilidad de la víctima y reduce las posibilidades de obtener justicia por estos delitos.* (citado por Borelli, 2006, p. 27). La creación de situaciones que a menudo parecen inverosímiles sirve una vez más para ocultar las actividades delictivas que cometen. En relación con los resultados relativos a los diferentes sistemas de creencias utilizados en los abusos rituales, es importante destacar que las simulaciones y escenificaciones no se limitan a las prácticas asociadas al satanismo. He aquí los resultados relacionados:

-    Escenificación de rituales espirituales o religiosos

-    Uso de símbolos espirituales o religiosos

-    El uso de vestimentas ceremoniales, incluidas las sotanas negras con capucha.

-    El uso de trajes y disfraces

-    Simulación de un ataúd

- La simulación de fuerzas místicas o sobrenaturales
- Simulación de asesinato
- Cirugía simulada

Una de las participantes mencionó que una de las mujeres a las que acompañaba le había confiado que se había sometido a una operación como parte de los abusos. Esta participante describió este tipo de abuso físico como abuso médico. Este resultado se corresponde con lo que Sullivan, para el Grupo de Trabajo sobre Abusos Rituales de la Comisión de Mujeres del Condado de Los Ángeles (1989/2005), denomina "*cirugía mágica*". La presencia de sangre parece mostrar a la víctima que ha sido sometida a una operación. Sin embargo, se trata de un método utilizado para programar. Esta técnica tiende esencialmente a silenciar a las víctimas aterrorizándolas y programándolas con la idea de que podrán enterarse si se atreven a hablar de los abusos. Los maltratadores harán creer a las víctimas que les han introducido algo en el cuerpo: una bomba que estallará si hablan de los malos tratos, o el diablo, o el corazón de Satán, que les atacará si lo hacen.

Como ha demostrado esta investigación, se utilizan diferentes técnicas para alterar el estado mental y físico de las víctimas durante los malos tratos. Esto es lo que dijo al respecto uno de los participantes:

Su estado mental ha sido alterado mediante el uso de drogas o poniéndolos en estado de trance, o poniendo música a un volumen extremadamente alto, utilizando velas o hierbas, abusando del niño hasta el punto de que ya no tiene fuerzas y está completamente agotado. Luego utilizan disfraces, iluminación y humo para confundir aún más a la persona. ¿Realmente veo que matan a una mujer? Ya no saben lo que es real. Todo ha sido alterado. Ya no saben lo que es verdad en el mundo porque a veces experimentarán o presenciarán cosas que no forman parte de la realidad. Es el cambio en su estado mental lo que les lleva a creer que lo que ocurre es real.

Estos resultados muestran que se utilizan diferentes técnicas para crear confusión sobre la realidad de los abusos sufridos.

Como señala Rudikoff (1996), el reconocimiento del uso de simulaciones y escenificaciones no debe minimizar en modo alguno la naturaleza de los abusos sufridos por las víctimas de abusos rituales. Hay que recordar que esos abusos se cometen contra niños pequeños y que el trauma resultante es el mismo, se escenifique o no.

Cabe señalar que una de las participantes presentó un análisis más detallado de las razones por las que se abusa de las víctimas a una edad temprana y de forma continuada. Según su análisis, los métodos de abuso utilizados están relacionados con las etapas del desarrollo infantil. Sin embargo, lo que dice a este respecto parece corroborar la información compartida por otros participantes. Habla de las diferentes etapas asociadas al entrenamiento de los niños:

"El énfasis antes de los cinco años es conseguir que la niña esté completamente desestabilizada, incapaz de hacer frente al abuso y creyendo que es culpa suya. Al mismo tiempo, quieren que sea capaz de disociarse, de "cambiar"; que tenga otra parte de sí misma que presente en público y que parezca completamente normal. Harán esta separación continuamente con el fin de manipular a la niña para que sea lo que la secta quiere que sea para satisfacer sus necesidades."

Según este participante, el entrenamiento se vuelve más específico a partir de los cinco años; se centra más en abusar de los demás y en desempeñar el papel concreto previsto por el grupo. Los abusadores obligan a los niños a abusar de los demás; de este modo, les hacen creer que ellos mismos han hecho daño. Se entrena específicamente al niño para que crea que es responsable de todo lo que ocurre a su alrededor, de modo que nunca revele nada a nadie. Un niño es más capaz de saber si otra persona ha hecho algo mal que de admitir que él mismo ha hecho algo mal. Esta participante afirma que, durante este periodo, la niña debe mantener su capacidad de alcanzar un estado de disociación para ocultar lo que ocurre en casa o durante el maltrato en grupo.

Casi todos los participantes (7/8) dijeron que obligar a las víctimas a presenciar o participar en cosas horribles, incluidos los abusos, era uno de los métodos utilizados en los abusos rituales. Describieron varios ejemplos de ello en los testimonios de supervivientes de abusos rituales. Los supervivientes les contaron que les obligaban a ver cómo abusaban física y sexualmente de otros niños u otras mujeres. Los supervivientes de abusos rituales se veían obligados a presenciar cosas horribles: el asesinato de bebés o de personas que intentaban resistirse o hablar de los abusos, violaciones, torturas y el nacimiento de bebés para ser utilizados por los abusadores; esto ocurría a veces durante las ceremonias.

Anexo 5

Caso Karen Mulder

Intentaron convertirme en prostituta; era tan fácil, no me acordaba de nada, lo olvidaba todo... Era un juguete que todos querían tener.

En octubre de 2001, la famosa modelo neerlandesa Karen Mulder hizo revelaciones escandalosas durante la grabación de un programa de televisión. Denunció su supuesta explotación sexual por parte de su familia, su entorno y ciertas personalidades de alto nivel. Dijo que había sido violada por su padre desde que tenía dos años, y que había tomado conciencia de ello unos meses antes, resurgiendo sus recuerdos en flashbacks. También reveló que era violada regularmente por sus jefes (una famosa agencia de modelos), por personas cercanas a ella y por miembros del Gotha (familias reales). Dijo que había olvidado los abusos gracias a la hipnosis, o a lo que ella creía que era hipnosis...

Poco después de estas revelaciones, durante la grabación de un programa de televisión con Thierry Ardisson, concedió una entrevista a la revista *VSD*, un reportaje titulado "*Le cri de détresse d'un grand top model*" ("*El grito de angustia de una top model"*) publicado en enero de 2002 en *VSD* N°1271. La revista revelaba que Karen Mulder había sido recibida por el jefe de la brigada de represión del proxenetismo y que le había hablado de las cenas organizadas entre jóvenes supermodelos y *viejos adinerados*. La entrevista da una serie de pistas que sugieren que ha sido sometida a un control mental basado en el trauma. He aquí algunos extractos de la entrevista:

*Alguien de mi familia (menciona un nombre) abusó sexualmente de mí cuando tenía dos años. Era un psicópata. Me sometió a hipnosis. Desde entonces, cualquier persona con autoridad que conozca mi secreto puede manipularme. **Hasta que no me libré del terror de mi infancia, cualquiera que me asustara podía tenerme dominada (...) Intentaron convertirme en prostituta:***

era tan fácil, no me acordaba de nada, lo olvidaba todo (...) Era un juguete que todos querían tener. Todo el mundo se aprovechaba de mí (...) No tenía voluntad propia, así que organizaron mi vida por mí: todo, todo, todo (...) Me hicieron cosas hipnóticas (...) Sí, es enorme. Ha habido toda una conspiración a mi alrededor durante mucho tiempo, en la que ha participado gente del gobierno y de la policía.

¡Todo en mi vida ha sido organizado! Todo, todo, ¡todo! No tenía voluntad propia (...) Durante los "Restos du Coeur", un artista me dijo: "Alguien cercano a ti abusó de ti, están organizando que te vuelvan a violar y que no te enteres de nada". Una cantante famosa me dijo: "Alguien cercano a ti (dio un nombre) me dijo que te violaron, ¿puedes olvidarlo? Mírame, ¡lo olvidarás! Y se rió. Y funcionó: lo olvidé (...) Empecé a sufrir de verdad, y fue entonces cuando tuve mis primeros flashes. Primero de alguien cercano a mí violándome. Me dije: ya está, he descubierto por qué me sentía tan mal (...) De hecho, todas las personas de mi familia son pederastas. Es un círculo vicioso, ¡y hoy lo rompo! (...) Yo era un activo. Mi imagen, mi amabilidad, mi bondad, servían a quienes querían ocultar cosas. Y ahora se trata de gente muy, muy, muy mala... Los que querían hablar claro hoy están muertos (...) Fue una amiga mía de Nueva York la que me hizo violar el presidente de una gran empresa. Un día me llamó y me dijo: "¿Te acuerdas de lo que te hicieron cuando eras muy pequeña? Le contesté: "¡Oh, sí, oh, sí! - Pues bien, X va a venir a verte, va a hacer el amor contigo y vas a conseguir el mayor contrato que existe. Yo no quería, pero era como una muñeca sin voluntad (...) ¡Quiero justicia, eso es todo! La pedofilia sigue siendo un tabú. Son las chicas así las que quieren ser modelos. Así que es fácil para los matones conseguir poder sobre ellas.

¿Está esta mujer bajo control mental? ¿Es una *"modelo presidencial"* (esclava sexual programada desde la infancia, reservada a las altas esferas de la sociedad)? Lo que ella describe como lapsus de memoria tras las violaciones, *"no recordaba nada"*, podría corresponder a **un trastorno disociativo grave con paredes amnésicas**. El hecho de que haya declarado a la revista *VSD* que fue violada bajo hipnosis *desde los dos años*, que su familia *sólo se relacionaba con pedófilos*, que *era un círculo vicioso que quería romper*, y que su explotación sexual parece haber continuado durante toda su vida, sugiere fuertemente que podría haber sufrido el triste destino de una esclava sexual controlada mentalmente, prisionera de una red que explota su trastorno disociativo. Durante la grabación del programa de televisión en noviembre de 2001, también mencionó varios nombres relacionados con la industria del espectáculo, diciendo que estas personas estaban al tanto, o eran ellos mismos violadores o víctimas. Mencionó el nombre de otra conocida estrella francesa, diciendo que ella también fue objeto de este tipo de trato.

"J'étais un jouet que tout le monde voulait avoir. Tous ont profité de moi"

A pesar de presentar una denuncia y abrir una investigación judicial, su familia la internó rápidamente en un hospital psiquiátrico poco después de sus revelaciones... Sólo fue dada de alta tres meses después. ¿Era entonces necesario actualizar la programación mental? A partir de cierta edad, los muros amnésicos tienden a disolverse, por lo que ciertos recuerdos resurgen en forma de flashbacks.

Su familia intentó hacer pasar el *incidente* por un ataque de delirio paranoico, pero nadie pudo demostrar que se trataba realmente de un caso de locura y que lo que había dicho era falso.

Certains voudraient la faire passer pour folle. Mais la justice, saisie de l'affaire, enquête.

Le 31 octobre, Thierry Ardisson reçoit Karen Mulder à «Tout le monde en parle». L'ex-top model, qui faisait partie de l'agence Elite, doit lui faire des révélations sulfureuses sur le monde des mannequins. Et quelles révélations ! Sur le plateau, elle cite le nom d'une haute personnalité monégasque qui l'a, dit-elle, violée. Elle affirme ensuite que des hommes politiques et des P-DG de grosses entreprises se font

SOUS LES PROJECTEURS. Le 9 décembre 1996, Karen reçoit chez elle une équipe de télévision. Aujourd'hui, les micros ne se tendent plus vers elle.

Algún tiempo después de su hospitalización forzosa, la supermodelo concedió una entrevista a Benjamin Castaldi en el programa *"C'est leur destin"* de la M6, en septiembre de 2002. Una entrevista en la que todavía se duda de que realmente intentara revelar su condición de esclava bajo control mental, sin ni siquiera saber ella misma exactamente lo que le esperaba. He aquí algunos extractos:

Benjamin Castaldi: *Si tuviera que resumir su destino en pocas palabras, ¿qué diría?*

Karen Mulder: *Por un lado es un cuento de hadas, y por el otro es una película de terror, una verdadera pesadilla. Y cuando todo regresó, hubo gente que trató de impedirme hablar. Me internaron en una clínica para impedirme hablar. Salí con la ayuda de un abogado, pero fue todo un... Fue bastante complicado. (...) El abogado me telefoneó directamente a mi habitación. Me dijo: "¡Escucha, no pareces en absoluto una loca! Vendré a buscarte en las próximas dos horas". Hice las maletas y me fui (...) Una vez alcanzada mi meta como modelo,*

MASONERÍA Y ESQUIZOFRENIA - Comprender los misterios del poder

todo iba bien en apariencia, pero en el fondo sentía que algo no iba bien. Así que me sometí a psicoanálisis durante cinco años, y volvían a mí cosas tan graves que, en cierto modo, me estaba volviendo paranoica (...) Intenté hablar, pero no querían creerme. Había una cierta paranoia, porque es verdad que cuando las cosas son tan grandes, las cosas se descontrolan un poco. Hay un poco de delirio. Pero cuanto más tiempo pasa, más me doy cuenta de que, en realidad, no lo es en absoluto (...) ¿Ha visto la película "True Romance"? En cierto modo, es mi vida. Todo estaba organizado. Todo estaba manipulado. Yo era alguien que no veía nada...

A raíz de una entrevista sobre el asunto Didier Schuller, la actriz y cantante Marie Laforêt declaró: *"No sé qué le ha pasado a Karen Mulder, es la misma historia, hablaba de la misma gente, salvo que la cortaron del todo...". Así que le hicieron un pequeño disco para sellarla. Así que ella sabe que si alguna vez dice algo que no quería decir en ese momento, tendrá un destino aún más miserable que el que tiene en este momento. Así que es en su mejor interés para mantener la cabeza hacia abajo ... Eso es todo... ¡Pero lo intentó! Hizo un intento y pagó el precio. La divertimos haciéndole grabar un disco, una promo... ¿Así que todos los demás están en esto? Eso te lo puedes responder tú mismo... Por supuesto".*

El 16 de enero de 1998, Marie Laforêt declaró en el telediario de las 8 de France 2 sobre la **amnesia traumática**. A la edad de 3 años fue violada varias veces por "un vecino", un recuerdo que fue reprimido durante años antes de resurgir a los cuarenta:

"Reviví exactamente lo que había pasado, el nombre del hombre, su traje, su forma de hacer las cosas, todo... Todo volvió al mismo tiempo. No pude hablar de ello durante tres días y tres noches de ataques de llanto... No puedes confundirlo con otra cosa, ni con una premonición, ni con una confusión mental... No es confusión mental, al contrario, estás siendo excesivamente preciso".

Anexo 6

Festen

Cuando el cine desempeña su papel revelando entre bastidores...

En 1998, el director danés Thomas Vinterberg acudió al Festival de Cannes con su película **Festen** (subtitulada *"Fiesta familiar"*), que ganó el Premio del Jurado. He aquí la sinopsis de la película:

Helge celebra su 60 cumpleaños. Para celebrarlo, invita a toda su familia a una gran casa. Durante la cena, el hijo mayor, Christian, es invitado a decir unas palabras: se revelan algunas verdades difíciles de oír...

En esta producción, Thomas Vinterberg aborda el "secreto de familia", en este caso el incesto paterno en el seno de una familia acomodada de clase alta. Christian, el mayor de los hermanos, fue violado repetidamente por su padre cuando era niño. Su hermana Linda, también víctima, no sobrevivió al trauma del incesto... se suicidó.

Thomas Vinterberg se ha preocupado de incorporar a su guión una serie de elementos que sugieren que él mismo es consciente del funcionamiento oculto de ciertos círculos elitistas.

El primer punto importante a destacar es que el personaje de Helge, el padre incestuoso, es un masón iniciado. Una escena muestra a los *hermanos* reunidos en una habitación separada antes de la fiesta de cumpleaños. Helge se ofrece a introducir a su hijo Michael en su logia masónica. El segundo punto importante es la referencia indirecta de Vinterberg al trastorno de identidad disociativo. El superviviente Christian tiene un "amigo imaginario", un compañero interior que le sigue a todas partes y que se hace llamar "*Snoot*". Esto podría significar que la personalidad del hijo se ha escindido para sobrevivir a las múltiples agresiones sexuales de su progenitor.

El escándalo estalla cuando Christian, o Snoot... toma la palabra en la fiesta: "*Resultó ser mucho más peligroso cuando papá se bañaba... No sé si te acuerdas, pero papá siempre quería bañarse... Para hacerlo, nos llevaba primero a Linda y a mí a su estudio. Cerraba la puerta, bajaba las persianas, encendía las luces para que pareciera bonito y luego se quitaba la camisa y los pantalones... y nosotras teníamos que hacer lo mismo. Luego nos obligaba a tumbarnos en el banco y nos violaba. Hace unos meses, cuando murió mi hermana, me di cuenta de que Helge era un hombre muy limpio, con todos esos baños que se daba. Pensé que estaría bien compartirlo con mi familia... Pasaba en invierno, verano, otoño, primavera, por la mañana, por la noche... y pensé, deberían saber esto de mi padre: Helge es un hombre limpio... ¡y estamos todos aquí esta noche para celebrar el 60 cumpleaños de Helge! ¡Qué suerte! ¡Brindo por el hombre que mató a mi hermana! ¡Brindo por el asesino!"*

Tras estas impactantes revelaciones, la madre de Christian, prefiriendo apoyar a su marido, toma la palabra para difamar y ridiculizar a su hijo delante de los invitados reunidos. Es entonces cuando nos enteramos de la existencia de "Snoot", la otra personalidad de Christian:

*"Siempre ha sido un poco especial... ¡Diría que creativo como ningún otro! Son increíbles las historias que contaba de niño. A menudo pensaba mientras le escuchaba hablar que lo tenía todo para convertirse en un escritor de talento, se lo aseguro Christian. Cuando Christian era pequeño, y hay algunos aquí que quizá no lo sepan, **tenía un fiel compañero que nunca se separaba de él. Era Snoot.** ¡Pero Snoot no existía! Sin embargo, Snoot y Christian siempre estaban juntos y de acuerdo en todo. Si había algo que no le gustaba a Snoot, tampoco le gustaba a*

Christian. Y si ese algo eras tú, ¡mala suerte para ti! No había nada que hacer. Pero, querido Christian, es muy importante saber distinguir entre ficción y realidad. Creo que eso siempre ha sido un problema para ti. Comprendo que a veces te enfades con papá, pero son cosas que tenéis que resolver entre vosotros. Contar historias como lo has hecho esta noche, por muy cautivadoras que sean, es quizás ir un poco demasiado lejos... **Sabes, Christian, creo que Snoot ha estado muy cerca de ti hoy, y creo que has disgustado a tu padre. Así que creo que sería apropiado que te levantaras ahora, dejando a Snoot donde debe estar, y te disculparas con tu padre."**

El alter Snoot, cuyos recuerdos traumáticos están intactos y son precisos, pasa a revelar su desgracia:

"Siento molestarte de nuevo. En el 74 entraste en el despacho sin llamar, querida mamá, y viste a tu hijo a cuatro patas y a tu marido con los pantalones bajados... ¡Te pido disculpas! Siento que vieras a tu hijo así... También siento que tu marido te dijera que te largaras y que te fueras sin dudarlo. Siento que seas tan hipócrita y tan falsa, ¡ojalá te mueras!".

Thomas Vinterberg, que claramente domina el tema, ha incorporado a su guión el aspecto del "juego de la culpa", con el objetivo de destruir la palabra de la víctima. En primer lugar, la madre intenta encubrir a su marido señalando el comportamiento desordenado de su hijo para minar su credibilidad. Luego hay una escena en la que el padre recuerda cruelmente a Christian su vida caótica, pintando el retrato psicológico de una víctima politraumatizada desde la infancia:

"Yo también podría levantarme y decirles unas palabras... ¡unas palabras sobre ti! Sobre ti cuando eras un niño, ¡un niño enfermizo que no soportaba ver a los niños reír y ser felices! ¡Que les estropeaba todo a propósito! ¡Que robaba sus juguetes y los quemaba delante de ellos, burlándose de ellos! ¡Sobre la mente enferma y retorcida que ya tenías! Podría contarles todo sobre cómo mamá y papá tuvieron que ir a Francia para sacarte de aquella clínica donde llevabas meses pudriéndote, ¡literalmente lleno de drogas! Totalmente aturdido, para desesperación de tu madre. También podría hablarles de tu falta de talento con las chicas y de todas las bellezas que te han pasado por delante, porque el hombre que hay en ti siempre ha sido infinitamente raro Christian. También podría contarles algunas cosas fascinantes sobre ti y tu hermana... ¿Es que se despidió de ti Christian? ¿Lo hizo? No, nada... ¡Abandonaste a tu hermana enferma, estuviste ausente! ¡Todo lo que importaba eras tú y tu retorcido cerebro! Y ahora te has encargado de arrastrar por el fango a toda una familia que sólo quería que te sintieras bien!".

Por último, cabe señalar que el propio Helge, el padre masón incestuoso, parece totalmente disociado y amnésico respecto a los actos pedocriminales denunciados por su hijo Christian. Tras una agitada comida, los dos hombres vuelven a estar solos en una escena más apacible:

"Ya no entiendo nada, mi memoria debe estar fallando, me estoy haciendo mayor. Esas cosas que mencionaste antes, no las recuerdo en absoluto, tienes que ayudarme Christian... Dime que pasó... "

El guión no nos dice si el padre finge ignorar los actos incestuosos o si él mismo es una víctima que sufre amnesia disociativa y reproduce el círculo vicioso en sus descendientes...

¿Dr. Jekyll y Mr. Hyde?

Ya publicado

OMNIA VERITAS.

MK ULTRA
Abuso ritual y control mental
Herramientas de dominación de la religión sin nombre

Por primera vez, un libro intenta explorar el complejo tema del abuso ritual traumático y el control mental resultante...

¿Cómo es posible programar mentalmente a un ser humano?

ALEXANDRE LEBRETON

MK ULTRA

OMNIA VERITAS.

LOS PORTADORES DE LUZ DE LAS TINIEBLAS

Este libro es un intento de demostrar, mediante pruebas documentales, que las condiciones actuales del mundo están bajo la influencia de sociedades místicas y secretas a través de las cuales el Centro Invisible intenta dirigir y dominar a las naciones y al mundo.

LOS PORTADORES DE LUZ DE LAS TINIEBLAS

OMNIA VERITAS.

EL RASTRO DE LA SERPIENTE

Un intento de rastrear el culto de la antigua Serpiente, el Principio Creador, el Dios de todos los iniciados de los gnósticos y cabalistas, emanado de los judíos helenizados de Alejandría.

EL RASTRO DE LA SERPIENTE

Comprender la programación de la secta Illuminati

La cuestión crítica en el mundo de hoy es el adoctrinamiento marxista

¡Imagínense el escándalo! ¡Degrelle, el 'fascista'!

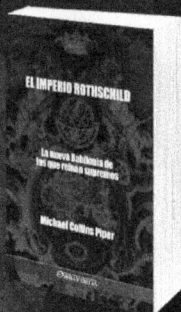

OMNIA VERITAS
OMNIA VERITAS LTD PRESENTA:
La verdad es que los extremistas musulmanes han demostrado ser herramientas útiles (aunque a menudo involuntarias) para hacer avanzar la agenda geopolítica de Israel...
SECRETOS DE ESTADO
Michael Collins Piper
¿Por qué iba Israel a apoyar en secreto a extremistas islámicos fundamentalistas?

OMNIA VERITAS
OMNIA VERITAS LTD PRESENTA:
JUICIO FINAL
el eslabón perdido del asesinato de JFK
de Michael Collins Piper
Volumen I
Se trata claramente de Israel y su Mossad, la única fuerza que vincula a todos los presuntos conspiradores mencionados con más frecuencia: la CIA, las fuerzas anticastristas cubanas, el crimen organizado y, más concretamente, el sindicato del crimen de Meyer Lansky...
El papel del Mossad y de Israel en el crimen del siglo

OMNIA VERITAS®
www.omnia-veritas.com

www.ingramcontent.com/pod-product-compliance
Lightning Source LLC
Chambersburg PA
CBHW071349280326
41927CB00040B/2419